수학 수업
이야기 집

ZIP

수학 수업 이야기 집ZIP

초판 1쇄 2021년 11월 20일
초판 2쇄 2022년 8월 1일

지은이 오작교 연구회

펴낸이 김준연
펴낸곳 도서출판 단비
등록 2003년 3월 24일(제2012-000149호)
주소 경기도 고양시 일산서구 고양대로 724-17, 304동 2503호(일산동, 산들마을)
전화 02-322-0268
팩스 02-322-0271
전자우편 rainwelcome@hanmail.net

ISBN 979-11-6350-045-2 03370

오늘 작은 한 걸음을 먼저 실천하는 교사

수학 수업
이야기 집
ZIP

오작교 연구회 지음

단비
danbi

서문

사회는 빠르게 변화한다. 새로운 기술의 개발이 날마다 인터넷에 소개되고 빠르게 변하는 세상은 우리에게 같은 속도의 변화를 요구한다. 인터넷의 발달이 우리 생활의 많은 부분을 편리하게 해주었고, 스마트폰이 새로운 세상을 손바닥에서 볼 수 있게 해준 것은 변화의 속도를 더욱 가속시켰다. 우리는 더 나은 기술의 발전이, 더 큰 행복을 줄 수 있다는 믿음으로 계속해서 새로운 것을 원하고 찾는다.

이러한 사회의 변화에서도 큰 틀의 변함없이 이어져오는 것이 수학이다. 예를 들면 고대 그리스의 수학자가 구축한 유클리드 기하학과 기원전 6세기에 처음으로 증명된 피타고라스 정리가 여전히 수학의 한 부분을 이루며 현대 수학에 기여한다. 사회가 발전할수록 수학의 중요성이 더욱 대두되는 이유는 공학의 기초로써 자연과학을 설명하는 데 중요한 역할을 하기 때문일 것이다. 이렇게 사회의 변화를 읽고 해석하는 수학교육의 중요성은 나날이 대두되고 있지만, 학년이 올라갈수록 떨어지는 수학 흥미도에 대한 명쾌한 답은 아직 얻지 못했다. 교실에서 수학을 잘 가르치고, 잘 배울 수 있도록 하려면 어떻게 해야 할까?

수학은 재미있다? 몇몇 사람에겐 그럴지도 모른다. 하지만 대부분은 선뜻 동의하기 어렵다. 어떤 사람들은 수학 문제를 풀고 답을 얻을 때 희열을 느낀다고 한다. 이것이 어떤 의미를 가질 수 있을까? 즐거움이 개인 차원의 것이라면 의미는 이를 넘어선 타인 차원의 것이다. 따라서 개인의 즐거움이 의미를 가지려면 새로운 가치를 만드는 것이어야 한다.

오작교 수학탐나 연구회(이하 오작교)는 시대의 흐름에 따라 필연적으로 요청되는 수학 교육과정-수업-평가의 변화에 따라 교실에서 실천한 재미있는 수업을 교실 밖 동료 교사들과 소통하고 나눔으로써 함께 성장하는 데 의미를 두고 '같이'의 가치를 위해 오늘도 작은 한 걸음을 먼저 실천하는 교사이고자 한다.

또한 학생들과 함께한 수학 동아리 활동과 체험활동 운영 사례를 보여줌으로써 학생과 교사, 교사와 교사, 교사와 학교를 연결하는 다리가 되어 소통·나눔·배움을 실천하고자 한다. 교사의 전문성은 교육과정과 수업 그리고 평가의 속성을 이해하고 이를 계획·운영하는 역량에 있으며, 이는 동료 교사와의 나눔을 통하여 깊어질 수 있다고 믿기 때문이다.

오작교 연구회 교사로서 '재미와 의미 사이', '깊게와 넓게 사이' 그리고 '냉정과 열정 사이'에서 흘린 땀과 눈물 그리고 기쁨과 감동의 실천 사례를 묶어 세상에 내놓는다. 이 책이 교육공동체 활동을 통하여 성장하고 싶은 교사, 재미있고 의미 있는 수학 수업을 고민하는 수학 교사, 수업-평가 개선을 위한 지원 방법을 고민하는 학교 관리자 및 교육청 담당자, 나아가 수학교육을 고민하는 학부모, 학생 등 누구라도 당면한 문제를 풀어나갈 수 있는 하나의 실마리가 되어주기를 바란다.

- 2021년 11월, 퇴계초중학교 수학교실에서

오작교 연구회 강은주, 김경희, 김선미, 김수희, 김한나,
서재신, 원소연, 정지인, 지정연 함께 쓰다.

차례

재미와 의미 사이

교실 속 수학 이야기

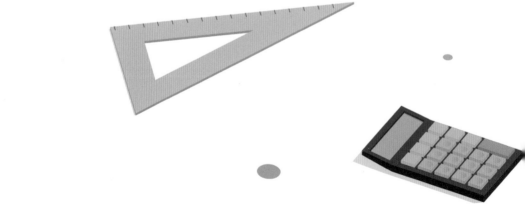

코코볼과 맛소금

1. 코코볼과 반찬통

수학에 토론을 붙여볼까? 보통 토론 하면 찬·반 토론을 많이 생각한다. 답이 정해진 수학 문제에서 토론은 쉽지 않다. 하지만 생각을 깨야 한다. 수학에서 답이 하나일 수는 있으나, 답으로 가기까지의 길은 여러 가지 방법이 나올 수 있기 때문이다.《토론의 전사》(유동걸 저)라는 책에서는 토론이란 꼭 찬반이 아닌 소통할 수 있는 계기가 되며, 토론을 통하여 찬반의 결론을 내리는 것보다, 지금보다 더 발전할 수 있는 게 중요하다는 내용이 담겨 있다. 교실 속 아이들에게 문제를 기계적으로 푸는 것이 아니라, 개념을 알고 답으로 가는 과정에서 자신의 생각을 정리하고 서로에게 전달할 수 있어야 한다.

학생들이 개념적 지식뿐만 아니라 절차적 지식까지 모두 이해하고 있는지 파악하기 위해서는 수학에서 왜? 어떻게?라는 질문은 중요하다. 입체도형의 단원에서 '정다면체는 몇 개인가?', '정다면체는 왜 다섯 개인가?', '주어진 도형은 정다면체인가, 왜 그렇게 생각하는가?', '직육면체 모양 반찬통 안의 코코볼을 $\frac{1}{2}$, $\frac{1}{3}$만 남기려면 어떻게 기울여야 하는가?', '원기둥 모양 반찬통 안의 코코볼을 $\frac{1}{2}$, $\frac{1}{3}$만 남기려면 어떻게 기울여야 하는가?'라는 토론 주제를 설정했다.

수업 준비물은 맛있는 코코볼, 직육면체 모양의 반찬통, 원기둥 모양의 반찬통, 토론활동지, 포스트잇 그리고 수학토론수업이 끝나고 먹게 될 코코볼에 대한 설레는 마음이다. 활동지를 어느 한 학생이 작성하는 것이 아니라, 모든 학생이 자신의 의견을 적을 수 있도록 포스트잇으로 모든 문항에 답을 작성하게 했고, 친구들의 답 중에서 최선의 방법, 좋은 아이디어 등을 정리하여 보고서를 작성하도록 하여 서로 소통하는 기회를 주고자 했다. 자신이 알고 있는 내용을 표현할 수 있는지 알게 하기 위해 설명하는 장면을 동영상으로 촬영하여 학생들과 공유하는 시간을 갖기도 했다. 학생들이 그림으로 시각화하면서, 또는 말로 표현하면서 자신의 머릿속에 있는 수학적인 아이디어는 더 정교해지고 더 또렷해지기 마련이다.

♣ **교사** : 오늘은 코코볼 부피 실험을 할 거예요. 먼저 결과를 예상해보고, 그림으로 그려보세요. 그다음 친구들과 결과를 공유하고 조별로 하나의 의견으로 모아주세요. 그리고 코코볼은 실험 수업이 다 끝난 뒤 함께 먹어야 해요. 약속~!

♣ **학생** : (부끄러운 얼굴로) 선생님~ 저 이 코코볼 하나… 바닥에 떨어진 건데, 먹으면 안 돼요?

코코볼 부피 실험 수업을 할 때 실험재료가 과자(코코볼)이다 보니 무사히 실험을 마치려면 실험재료를 먹지 않게 하는 게 중요하다. 하지만 아이들을 완벽하게 통제하기는 어려운 법. 그러다 보니 의도치 않게 위와 같은 재미있는 장면이 연출되기도 했다. 그래도 재미있게 실험을 마무리하고 서로의 표현을 보고 들으면서, 또 자신의 것을 고쳐가며 배우고 성장하는 아이들을 볼 수 있어 좋았다.

토론을 소통과 생각 발전시키기의 관점으로 보면, 다양한 수학 문제에서 자신의 의견을 이야기하고 발전시킬 수 있고, 모든 학생이 즐겁게 참여할 수 있는 수업의 전개가 가능하다는 사실을 발견한 수업이었다.

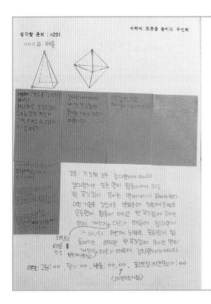

Q. 주어진 도형은 정다면체인가, 왜 그렇게 생각하는가?

학생들이 모은 결론: 두 도형 모두 정다면체가 아니다. 정다면체는 모든 면이 합동이어야 하고 한 꼭짓점에 모이는 면의 개수가 같아야 한다. 이런 기준을 조건으로 보았을 때 첫 번째 도형은 모든 면이 합동이 아니고, 한 꼭짓점에 모이는 면의 개수가 3개 또는 4개로 각각 다르기 때문에 정다면체가 아니다.

두 번째 도형은 모든 면이 합동이기는 하지만 한 꼭짓점에 모이는 면의 개수가 다르기 때문에 정다면체가 아니다.

직육면체의 1/2과 1/3 만들기

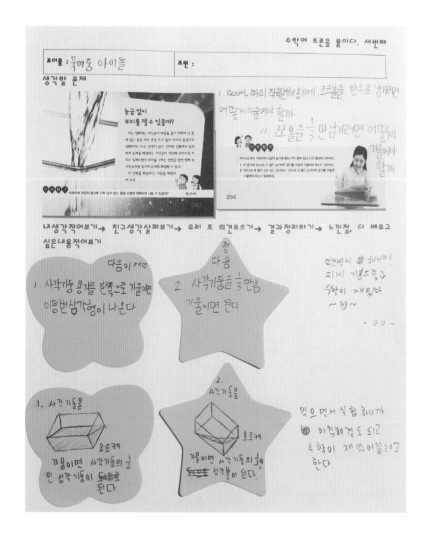

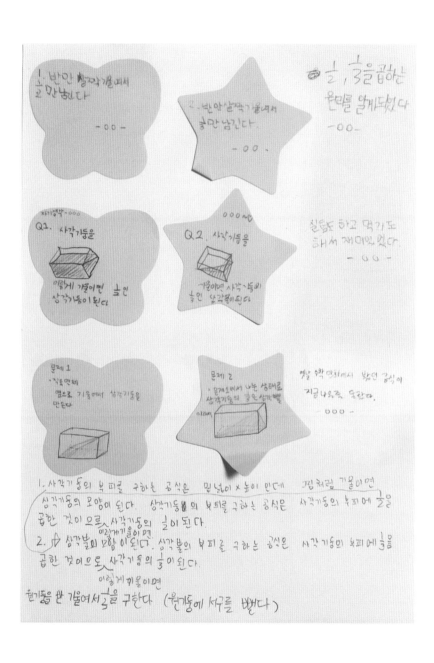

1. 사각기둥의 부피를 구하는 공식은 밑넓이 x 높이 인데 그림처럼 기울이면 삼각기둥의 모양이 된다. 삼각기둥의 부피를 구하는 공식은 사각기둥의 부피에 $\frac{1}{2}$을 곱한 것이므로 사각기둥의 $\frac{1}{2}$이 된다.
(이렇게 기울이면)
2. 삼각뿔의 모양이 된다. 삼각뿔의 부피를 구하는 공식은 사각기둥의 부피에 $\frac{1}{3}$을 곱한 것이므로 사각기둥의 $\frac{1}{3}$이 된다.
(이렇게 기울이면)
원기둥을 반 기울여서 $\frac{1}{3}$을 구한다 (원기둥에 서구를 뺐다)

2. 맛소금과 고래밥

'개념 정리-외심과 내심의 성질 증명-문제풀이-심화 문제풀이'

예전 교실 속 수업의 흐름이다. 하지만 이젠 수학도 교구를 활용하여 개념과 성질은 탐구하고 정당화하며, 여러 가지 수학적 실험과 체험을 통해 수업이 이루어지고 있다. 외심과 내심을 배우기 위해서 컴퍼스와 자의 작도 교구를 생각해볼 수도 있다. 그리고 더 준비하기 쉽고 학생들의 사고를 촉진할 수 있는 교구는 바로 색종이다. 그래서 수업의 흐름을 바꾸어보았다.

'개념 정리-색종이를 접어 외심과 내심을 찾고, 성질 탐구하기-개념이해를 위한 문제풀이-실생활 문제 해결'

색종이 하나로 강의 주입식 수업에서 탐구 체험의 수업으로 학생들의 활동을 늘리고 참여도를 높일 수 있으며, 문제풀이 수업을 벗어나 생각하는 수업으로 바뀌었다. 여기에서 교사의 수업 디자인 능력이 필요하다. 수업에 색종이를 사용할까? 공학도구를 사용해볼까? 교육과정재구성에서 수업의 방법, 교구, 활동지, 교육자료 활용 여부 등에서 교사의 선택에 따라 수업의 방향은 다양하게 변경되기 마련이다. 교과서의 개념 정리로 끝나는 것이 아니라 외심과 내심에 대한 다양한 경험을 제공해야 한다. 색종이 접기와 맛소금 실험, 공학도구를 활용해보고자 한다.

외심과 내심의 개념을 이해하는 수업은 하나의 활동으로 이루어지지 않았다. 색종이 접기를 통하여 외심과 내심을 찾아보고, 알지오 매쓰로도 찾아보고, 실생활 문제도 해결해보고 외심과 내심의 개념에 대

학습 내용	삼각형의 외심과 내심 찾기
학습 목표	삼각형의 외심과 내심을 찾고 성질을 설명할 수 있다.
활동 1	색종이 접기
활동 2	맛소금 실험
활동 3	공학도구 활용
활동 4	실생활 문제해결

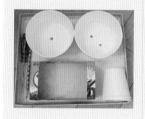

실험 수업 재료

맛소금, 구멍 1개 뚫은 우동컵, 구멍 2개 뚫은 우동컵, 구멍 3개 뚫은 고래밥 상자, 고래밥 상자 올려 놓을 기둥 종이컵 2개, 송곳, 지름 8mm 둥근 연필, A4박스 뚜껑 등

한 다양한 경험을 제공해주어야 한다. 한 번의 활동으로 아이들이 개념을 전부 이해하고 적용할 수 있을 것이라고 생각해서는 안 된다. 생각은 반복되어야 하고 경험은 다양한 형태로 계속 주어져야 아이들의 수학적 사고가 말랑말랑해져 적용력과 이해력이 커질 것이다.

맛소금 실험 수업을 준비하려면 재료, 활동지, 사전 모의실험 등 고민해야 할 것이 많다. 먼저, 재료 선정에서 과자 상자로 할지, 깨끗한 우동 종이컵으로 할지 고민이었다. 나는 고래밥 과자 상자로 결정했다. 하얀 맛소금을 흘려보내는 것이 빛 반사 없이 잘 보여야 하기 때문이다. 다음으로 상자에 구멍을 뚫어보았다. 이런… 맛소금이 잘 흘러내리지 않았다. 아하! 송곳으로 구멍을 낸 뒤 직경 8mm 정도의 원형으로 된 연필로 구멍을 크게 만들고, 종이가 찢어진 구멍 부분을 칼로 잘 다듬어주니 맛소금이 잘 흘러내린다. 집에서 하는 모의실험 1차, 겨우 성공!

다음 날 학교 교무실 책상에 주섬주섬 재료들을 꺼내놓았다. 실험을 다시 해본다. 이런… 내심 실험용 삼각형을 집에서는 막내 약통을 기둥으로 사용했는데, 학교에선 삼각형을 받쳐주지 않아 불안하다. 삼각형을 받쳐줄 기둥을 지우개로 급히 변경한다. 이렇게 모의실험을 3~4번에 걸쳐 하면서 오류를 줄여야 한다. 아이들과의 수업은 언제나 예상하지 못한 일이 벌어지는 법이다. 예상할 수 있는 일은 미리 대처하는 것이 예상치 못한 변수를 줄일 수 있다.

♣ **교사** : 맛소금을 고래밥 상자 구멍 속으로 흘려보내면서 관찰할 거예요. 맛소금이 바닥에 떨어지지 않게 잘 관리해주세요~

♣ **학생** : 선생님! 저 맛소금… 조금만 먹으면 안 돼요?

♣ **교사** : 안 돼요~ 다른 반 친구들도 만지며 실험한 거라 깨끗하지 않아요. 그리고 짜고 맛없을 거….

♣ **학생** : (선생님 말이 채 끝나기도 전에 손으로 찍어 먹으며) 헤헤헤… 선생님 맛소금 맛있어요^^.

♣ **교사** : 아… 네… ㅜㅜ

드디어 실험 수업시간이다. 나는 그동안 준비해온 수업이 무사히 진행되기를 걱정하는 마음이고, 학생들은 내가 들고 온 여러 가지 수업 재료들을 보고 새로운 활동 수업에 기대하는 모습이다. "오늘은 맛소금으로 수업을 해봅시다"라는 말 한마디로 아이들의 집중을 유도할 수 있다. 조별로 돌아가면서 선생님의 발문과 함께 모든 학생이 맛소

❖ 활동지

V 도형의 성질　1.삼각형의 성질　/ 03 삼각형의 외심과 내심	학번	
	이름	

■ 탐구1. 다음 이야기를 듣고 그림을 그려 상상해보자. 그리고 만들어지는 직선을 탐구하여 보자.

이야기1. 2개의 스피커에서 소리가 나고 있을 때 음파의 움직임

이야기2. 잔잔한 물에 2개의 돌을 동시에 던질 때 물결의 움직임

그림그려보기

음파와 물결은 2개의 원이 점점 커지면서 만나는 모양이다.

(크기 같은 원이 생기려면 어떠한 조건이 필요할지 생각해보자.)

두 크기가 같은 원의 중심을 각각 A, B라고 하자. 두 개의 원이 만나서 생기는 선을 *l* 이라고 하자.

그림의 직선 *l* 은 선분AB의 [　][　][　][　][　] 선 이다.

실험순서

1. 과자상자 밑면에 지름의 길이가 8mm 인 구멍 세개를 뚫는다.

   (구멍세개는 예각삼각형의 꼭지점이 됩니다)

2. 과자상자의 구멍 세 개로 이루어지는 삼각형과 같은 삼각형을 그려 오린다.

3. 과자상자의 구멍을 막은 상태로 맛소금을 가득 부어놓은 뒤, 세 구멍 사이로 동시에 흘러내리게 한다.

   (상자 위 또는 상자 아래에서도 관찰 가능합니다)

■ 탐구2. (조별탐구)

발문1. 구멍이 하나일 때 맛소금을 흘려보내면 무슨 모양이 생길까요?

발문2. 구멍이 두 개일 때 맛소금을 흘려보내고 관찰 해보세요.

발문3. 구멍이 세 개일 때 맛소금을 흘려보내고 관찰 해보세요.

발문4. 외접원을 그려보세요. 외접원의 중심은 어디이고, 반지름은 무엇일까요?

■ 탐구3. (개별탐구)

삼각형의 [　][　] 을 찾아 붙이세요

(방법 선택 종이접기(　) 작도(　))

■ 탐구4. 수직이등분을 표시하세요!

■ 탐구5. 종이2의 삼각형의 [　][　][　] 을 그리세요

■ 탐구6. 원의 중심과 반지름을 표시하세요!

■ 탐구7. 종이1의 교점과 종이2의 교점이 일치하는지 확인하세요 (　　　　　　　　)

■ 탐구8. 삼각형의 세 (　　)의 (　　　　　)의 교점은 한 점에서 만난다.

■ 탐구9. 삼각형의 세 (　　)의 (　　　　　)의 교점을 삼각형의 (　　　)이라 한다.

■ 탐구10. 삼각형의 (　　　)에서 세 (　　　)에 이르는 거리는 같다.

금을 부어가며 관찰하는 실험을 진행한다. 자리에 앉아 있는 다른 조들은 그동안 배운 내용을 상기하면서 종이접기로 다시 외심과 내심을 찾아보고 보고서의 문제를 해결하며 자기네 조의 차례를 기다린다. 작도하여 외심과 내심을 찾는 도전 과제도 선택활동으로 제시한다.

맛소금 실험 수업에서 가장 큰 보람은 천천히 배우는 친구들, 학습에 관심이 없던 친구들, 하고자 했으나 기회가 없던 친구들을 수업에 참여하게 했다는 점이다. 평소 수학 시간에는 공부에 관심 없던 아이가 맛소금을 흘려보내면서 "이게 외심이에요?"라며 자연스럽게 수학 용어를 말하는 것이 대견스럽다. 몇 날 며칠을 모의실험하고, 재료 선정과 활동지 구성을 고민했던 모든 날, 모든 시간을 다 보상받은 것 같았다. 물론 수학 교사로서의 보람은 덤으로 얻었다.

맛소금 실험 수업은 다양한 방법으로 전개될 수 있는데 나는 특히 선생님과 함께 실험에 참여하면서 선생님이 던져주는 발문에 학생들이 생각하고 말로 표현하고 개념을 익혀가는 과정이 중요하다고 생각한다. 하나의 원을 통과한 맛소금은 원뿔이 되고, 두 개의 원에서 흘러내린 맛소금은 수직이등분선을 만들고, 세 개의 원에서 흘러내린 맛소금은 외접원의 중심, 즉 외심을 만들어낸다. 그리고 외접원과 반지름을 찾는 과정에서 아이들은 오개념을 수정하고 개념을 바르게 알게 된다.

교실에는 맛소금 짠내와 분주함으로 가득하지만, 교과서 속에서 개념을 공부하는 것이 아니라, 직접 외심과 내심을 찾는 실험을 통해서 개념을 경험하는 뜻깊은 시간을 보낼 수 있었다. 외워서 기억하는 게 아니라 직접 몸으로 익힌 것은 오래가는 법이다.

맛소금 실험 중 교사 발문과 학생 답변 예

Q 구멍이 하나일 때 맛소금을 흘려보내면 무슨 모양이 생길까요?
A 원모양이 생겨요.

Q 구멍이 두 개일 때 맛소금을 흘려보내고 관찰해보세요.
A 원모양이 두 개 보이고, 그 사이 직선이 보여요.

Q 그 직선은 무엇일까요?
A 수직이등분선이요~

Q 구멍이 세 개일 때 맛소금을 흘려보내고 관찰해보세요.
A 원모양의 뿔이 3개 생기고, 2개의 원마다 수직이등분선이 생겨요.

Q 수직이등분선을 관찰해보세요.
A 3개의 수직이등분선이 한 점에서 만나요.

Q 우리 지난 시간에 배운 수직이등분선의 교점이 무엇이었죠?
A 음… 삼각형의 외심이요!

Q 와우 잘 찾아냈어요.^^ 그럼 이제 외심을 찾았으니 외접원을 그려보세요.
외접원의 중심은 어디이고, 반지름은 무엇인지 찾아볼까요?

Episode

맛있는 거듭제곱

수업 디자인 이야기

꿀타래를 만들기 위해서는 덩어리 반죽을 반복해서 접어야 한다. 이 활동에 숨어 있는 수학 개념이 거듭제곱이다. '맛있는 거듭제곱' 수업은 일상생활에서 친근한 꿀타래를 소재로 수학에 자연스럽게 접근하여 재미있게 개념을 익히고 수학에 흥미를 느끼게 하고자 구안했다.

수업 이야기

수업은 교육과정에 맞추어 3월에 하다 보니 날씨가 추운 게 문제였다. 꿀타래를 만들 때 처음에 새콤달콤 3~4개를 동그랗게 뭉쳐야 하는데 딱딱하게 굳어 있어 잘 뭉쳐지지 않아 어려움을 겪었다. 그래서 첫번째 반 수업에서는 새콤달콤을 뭉치기 힘든 학생들은 새콤달콤 1개만

❖ 교수학습 과정안

단원	수와 연산 1. 소인수분해	대상 학년	1학년
재구성 성취기준	꿀타래 만들기 활동에 숨겨진 거듭제곱의 개념을 이해하고, 같은 수를 여러 번 곱하는 식을 간단하게 나타낼 수 있다.		
수업의 흐름	도입	【활동】꿀타래 만드는 방법 동영상 시청	

	전개	❶【활동】탐구활동
		  – 꿀 타래 반죽을 5회 이하로 접는 경우 횟수에 따른 가닥의 수 직접 계산하기
		  – 꿀 타래 반죽을 14회 이상 반복하는 경우 가닥의 수 직접 계산하기
		  – 꿀 타래 반죽을 접는 횟수에 따른 가닥의 수 거듭제곱으로 표현하기
		
		❷【활동】개념 다지기
		  – 피보나치가 만든 '로마로 가는 길' 문제 해결
		
		❸【활동】꿀타래 만들기	

	정리	자기 평가 및 수다장 작성	
유의점	– 꿀타래 만들기 활동보다 먹을거리와 녹말가루 등에 관심을 보이고 장난을 치는 친구들이 있을 수 있다. 활동 전에 안전사고 예방 등 주의사항을 먼저 안내한다. – 활동 후 녹말가루, 새콤달콤 껍질 등 쓰레기가 많이 발생한다. 자신이 만들어낸 쓰레기는 스스로 치울 수 있도록 지도한다.		

을 사용하여 꿀타래를 만들게 했다. 그리고 두 번째 반 수업에서는 수업 시간 전에 쉬는 시간을 이용하여 전자레인지로 새콤달콤을 1분간 돌려서 말랑하게 만들어 수업에 들어가 굳기 전에 먼저 꿀타래를 만들고, 나중에 활동지로 정리하는 순서로 수업을 했다. 이때 1학년은 지

수법칙을 아직 배우지 않았기 때문에 0이 아닌 수의 0제곱이 1이라는 것을 규칙을 통해 발견하도록 지도했다.

$$2^2=2\times2,\ 2^3=2^2\times2\ \text{이므로}\ 2^2=2^3\div2,\ 2=2^2\div2\ \text{따라서}\ 2^0=2\div2=1$$

그런데 내가 설명할 때는 다 이해했다는 듯이 고개를 끄덕끄덕 하던 새콤이(가명)가 배움에서 한 걸음 더 나아가지 못하고, 활동지의 '한 걸음 더 나아가기' 란에 0이 아닌 모든 수의 0제곱은 0이라고 적는 게 보였다.

'가르치다'와 '배우다'가 동의어가 아니라는 걸 다시 한번 깨닫는다.

수업을 마치고

수업이 끝나고 뒷정리를 하는데 달콤이(가명)가 앞으로 걸어 나와 내 곁에 선다.

- ♣ **교사** : 달콤아, 선생님한테 할 말 있니?
- ♣ **학생** : 선생님, 저는 꿀타래가 수학과 어떤 관련이 있는지 궁금했는데 이제 알게 되었어요. 그런데 꿀타래 만들기 재료 어디에서 사요?
- ♣ **교사** : 마트에 가면 살 수 있어. 재료 사서 집에 가서 만들어보려고?
- ♣ **학생** : 네, 집에 가서 동생한테 만들어주고 싶어요.
- ♣ **교사** : 그래, 동생한테 만들어주고 싶었구나. 선생님이 재료 남은 거 줄게. 집에 가서 동생이랑 재미있게 만들어.

♣ **학생 :** 네~~ 감사합니다.

  평소 수학 수업 시간에 흥미를 보이지 않던 달콤이가 열심히 활동에 참여하는 것만으로도 예쁜데 집에 있는 동생까지 생각하는 맘에 '심쿵'한다. 어떤 수업이 좋은 수업일까? 그 기준을 다른 선생님에게 두는 것도 아니고, 교육과정에 두는 것도 아니고, 수업을 통해 만나는 학생에게 두는 선생님들을 만날 때 나는 행복하다.

  교사는 잘 살았는가? 하는 물음에 '나를 거쳐간 학생이 답이 되는 사람'이라는 말을 가슴으로 믿는 까닭이다.

■ **탐구활동 : 같은 수를 여러 번 곱하는 식을 간단히 나타내는 방법을 생각해 보자.**

[활동1] 거듭제곱 탐구활동

꿀타래는 다과의 한 종류로 꿀과 엿기름을 숙성하여 덩어리 반죽을 만든 다음, 이 덩어리를 늘였다가 접기를 되풀이하여 아주 가는 실처럼 뽑아내어 만든다. 일반적으로 꿀타래는 늘였다가 접기를 14번 정도 되풀이하여 완성한다고 한다. 다음 표는 꿀타래를 만들기 위해 덩어리 반죽을 접는 횟수에 따른 가닥의 수를 나타낸 것이다. 표의 빈칸을 채운 후 물음에 답하시오.

접는 횟수	1	2	3	4	5	⋯
가닥의 수	2					⋯

(1) 위 과정을 5번 되풀이하였을 때의 가닥의 수를 구하시오.

(2) 다음과 같이 2를 14번 반복하여 곱할 때, 간단히 나타내는 방법을 생각해 보자.
   $2×2×2×2×2×2×2×2×2×2×2×2×2×2 =$

(3) 접는 횟수에 따른 실타래 가닥의 수를 **거듭제곱**을 이용하여 나타내시오.

접는 횟수	0	1	2	3	4	5	⋯
가닥의 수							⋯

[한 걸음 더 나아가기] 0이 아닌 모든 수의 0제곱은 (   ) 이다.
EBSMATH '왜 모든 수의 0제곱은 1인가요' 참고

[활동2] 개념 다지기

이탈리아 수학자 피보나치가 만든 '로마로 가는 길'이라는 문제를 해결하시오.
*출처 : 중학생을 위한 스토리텔링 수학(계영희 저)

[로마로 가는 길]
7명의 사나이가 각각 당나귀를 7마리씩 몰고 로마로 떠났어요. 당나귀마다 주머니를 7개씩 올려놓았고, 주머니마다 7개의 큰 빵을 넣었어요. 그리고 빵마다 작은 칼을 7개 꽂았고, 작은 칼마다 칼날 7개를 갖고 있다고 합니다. 사나이, 당나귀, 주머니, 빵, 작은 칼, 칼날의 각각의 수와 총합을 구하시오.

[풀이]
(1) 사나이 :   (2) 당나귀 :   (3) 주머니 :

(4) 빵 :   (5) 작은 칼 :   (6) 칼날 :

(7) 총합 :

[활동 3] 꿀타래 만들기

– 준비물 : 새콤달콤 5개 이상, 녹말가루 1~2숟가락

– 만드는 방법

  (가) 실온에서 말랑하게 둔 새콤달콤을 동그랗게 뭉친 후 도넛처럼 가운데 구멍을 낸다.

  (나) 손에 달라붙지 않도록 녹말가루를 발라가며 살살 늘려서 꼬아서 접어주고 또 늘려서 꼬아서 접어주기를 10회 이상 반복한다.

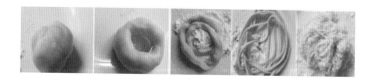

[활동 4] 자기 평가

▸ 오늘 수업을 성찰해봅시다.

  – 나는 수업 내용을 이해했다.(우수/보통/도움이 필요해요)

  – 나는 활동에 적극적으로 참여했다.(우수/보통/도움이 필요해요)

▸ 오늘 수업에서 배운 점과 느낀 점을 각각 적어봅시다.

<u>수학 다이어리 장</u>

❖ 활동 사진

수업 장면

활동 결과물

만지고
체험하는 수업

보드게임과 수학의 만남

그동안 여러 가지 방법으로 수업을 하면서 관찰해본 결과 아이들이 흥미를 갖고 집중한 수업 중 하나는 게임을 활용한 수업이었다. 게임의 요소 중에는 주어진 상황을 해결하기 위해 자신이 기존에 알고 있는 것들을 잘 적용해야 하는 부분이 있다. 그래서 게임을 활용한 수업에 아이들이 더 흥미를 갖고 집중하게 된다는 것을 수업을 거듭할수록 확신하게 되었고, 게임적 요소를 가진 소재를 찾아 수업을 해봐야겠다는 결론을 얻게 되었지만, 막상 수학과 게임을 연관짓는 것이 그렇게 쉽지만은 않았다. 다른 선생님들께서 개발하신 게임을 적용한 수업 활동을 실제로 적용해보면 아이들이 게임 규칙을 이해하는 것도 어려워하고, 수학학습을 위한 게임이라는 선입견을 갖고 접근하여 쉽게 흥미를 느끼지 못했다. 이처럼 수업에 적용할 수 있는 게임이 제한적이고 아이들이 흥미를 느끼지 못하는 것을 보니 뭔가 새로운 것이 필요하다고 느꼈다. 아이들도 좋아하는 게임이면서 수학과 관련될 만한 게임이 뭐가 있을까 고민하던 중 보드게임이 떠올랐다. 보드게임 대부분은 수학적인 요소가 녹아 있기 때문에 수업에 잘 사용하면 아이들도 익숙하니까 재미있어 할 것이라는 생각에 보드게임과 관련된 수업을 고민해보기 시작했다.

수업 이야기 1
할리갈리로 정수의 덧셈을 연습하다

보드게임 대부분은 수학적인 요소가 녹아 있지만, 그중에서도 연산, 도형, 확률 개념과 연관된 보드게임을 쉽게 찾아볼 수 있다. 그래서 교과와 연계된 활동을 할 때 이 개념들과 연관된 보드게임을 적절하게 사용하면 좋다.

1학년 1학기에는 연산을 연습해야 하는 부분이 있어서, 문제풀이로 연산연습을 하는 것을 힘들어하는 학생들을 위해 연산연습을 위한 보드게임을 찾던 중 할리갈리를 이용하여 정수의 덧셈을 연습시키는 수업자료를 보고 수업에 적용해보았다.

보드게임 할리갈리는 같은 과일의 수를 더해서 5개가 되면 종을 쳐서 카드를 가져가는 게임인데, 이를 정수의 숫자 카드로 교체해서 일정한 숫자가 되면 종을 쳐서 카드를 가져가게 하는 게임으로 변형한 것이다. 할리갈리는 학생들 대부분 알고 있는 게임이고, 게임 규칙도 간단하여 수업에 적용하는 데 어려움이 없었다. 정수 카드를 이용하는 할리갈리를 정수의 덧셈 원리와 덧셈의 교환법칙을 배운 후에 정수의 덧셈을 익힐 수 있도록 적용해보았더니 정수의 덧셈 문제를 풀어보는 것보다 더 즐기면서 집중하는 학생들의 모습을 관찰할 수 있었다.

정수 할리갈리 카드 준비

정수 할리갈리는 할리갈리 카드를 그대로 이용하는 것이 아니라 숫자카드를 따로 만들어야 한다. 숫자카드는 모두 80장으로, −9∼9까지의 숫자카드가 각 4장이고, 특수카드 4장으로 구성된다. 할리갈리 게임은 펼쳐진 카드의 숫자들을 더한 값은 이미 알고 있는 상황이므로, 다음에 펼쳐질 카드의 숫자의 역할이 중요하다. 그래서 빈칸으로 만든 특수카드를 펼쳤을 때 바닥에 깔린 숫자들의 합과 빈칸에 들어갈 숫자를 더하여 0이 되는 숫자를 외치면 카드를 가져갈 수 있도록 했다. 이 카드는 계산이 느려 게임에 잘 참여하지 못하는 학생들에게도 정답을 외칠 수 있는 기회를 주었다.

숫자카드의 수는 게임이 보통 모둠원 4명으로 하여 진행되므로 각

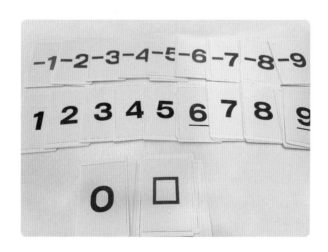

숫자가 4장씩 들어가게 하고 특수카드를 4장 추가 구성하게 되어 총 80장으로 만들었다.

그리고 게임 카드는 A4에 숫자 카드를 복사하여 각각의 카드를 오린 후 코팅을 하여 사용하면 된다. 만약 이 작업이 힘든 경우에는 시중에 판매하는 빈 카드를 구입하여 라벨지를 이용하여 숫자를 붙여서 사용해도 된다.

게임 진행

게임 시작하기 전에 강조해야 할 내용이 있다. 바로 카드를 뒤집는 방법이다. 카드를 상대방이 먼저 볼 수 있도록 뒤집어야 모두가 공평한 상태에서 게임이 진행되므로 이를 꼭 강조해야 한다. 카드를 자기만 볼 수 있게 뒤집는 학생이 있다면 카드를 뒤집는 사람이 유리하게 되어 게임의 흐름에 방해가 될 수 있으니 시작 전에 미리 설명해야 한다.

4명씩 모둠을 구성하여 게임을 진행했고, 미리 게임시간을 정해놓고 시간 내에 카드를 가장 많이 갖게 되는 사람이 이긴다고 미리 설명했다. 모둠별로 게임이 끝나기까지 시간을 주었더니 카드가 없어 게임을 못하게 되는 학생이 생겨 잘하는 학생들만 게임을 하게 되고, 게임이 끝이 나지 않고 계속되는 상황이 만들어지는 경우에는 학생들의 집중력이 흐트러져 게임이 늘어지는 것을 관찰했다. 그래서 수업 중에 2회의 게임을 진행하고 남은 시간은 게임에서 이긴 학생들의 게임전략을 발표하게 하여 게임을 마무리하는 시간을 가졌다.

게임 후에 게임에서 이긴 학생이 어떻게 이길 수 있었는지 설명하게

출처 : 강원도교육청 '생각과 재미가 빵 터지는 웃어라 수학'

하여 정수의 덧셈을 하는 방법을 서로 공유하게 했더니 양수는 양수끼리, 음수는 음수끼리 더한 후 양수와 음수를 더하는 것임을 알게 되어 자연스럽게 정수의 덧셈원리를 이해하는 것을 관찰할 수 있었다.

수업 뒷이야기

게임을 진행하면서 고려할 점이 있다. 바로 학생들 사이의 수준 차이다. 수업상황에서 모둠원들의 수준이 달라 계산속도가 빠른 친구가 게임을 주도하는 경우가 있다. 그래서 두 번의 게임을 진행하는 과정에서 첫 번째 게임은 정해진 모둠에서 하고, 이때 학생들의 수준을 파악한 후 비슷한 수준의 학생들끼리 모둠을 정하여 두 번째 게임을 진행하는 것을 추천한다.

정수의 연산이 익숙하지 않아서 계산이 느린 학생들이 많을 경우에는 숫자카드를 제한해서 진행하는 것이 좋다. 게임 진행이 원활하지 않은 모둠은 -9부터 9까지의 숫자를 -5부터 5까지로 줄여서 게임을 할 수 있도록 지도하면 게임 진행에 도움이 된다.

학생들이 게임을 즐기는 사이 자연스럽게 자신이 알고 있는 것을 활용하고, 게임 과정에서 이기기 위해 생각하며 깨닫게 되는 게임의 매력 때문에 게임을 수학 수업과 연결하는 것 같다. 교사가 일방적으로 전달하는 것이 아니라 게임을 하면서 학생 스스로 체득하는 앎이야말로 진정한 배움이라는 생각으로, 알아가는 즐거움을 느끼게 해주고 싶은 마음으로 수업을 준비한다.

수업 이야기 2
블리츠로 수학개념 복습하기

블리츠는 할리갈리처럼 중앙에 있는 카드 더미에서 차례대로 카드를 하나씩 자기 앞에 오픈해서 놓으며 진행한다. 이때 카드더미에서 가져온 카드의 색상이 다른 플레이어의 카드색상과 같다면 같은 색의 카드를 갖고 있는 두 사람은 상대방의 카드에 쓰여진 내용에 해당하는 단어를 빨리 말해야 한다. 이처럼 엄청난 스피드와 상식이 필요한 단어연상 게임을 수학 수업에 적용하여 학생들이 수학 용어와 개념을 한 번 더 복습하는 데 도움이 되고자 했다.

나는 중학교 2학년 2학기 도형 단원으로 보드게임의 내용을 구성했다. 다음과 같이 수학 내용이 적힌 카드 54장과 옵션 카드 6장이 구성품이다.

이 게임은 카드더미가 모두 소진됐을 때 최종적으로 상대방의 카드

수학개념으로 만든 보드게임 카드

를 가장 많이 가져온 사람이 승리한다. 상대방의 카드를 가져오기 위해서는 카드에 포함된 수학 개념을 조금이라도 기억해야 하고, 수학 용어를 한 번이라도 외쳐야 한다. 예를 들어 39번 카드 '평행사변형의 성질'이 나온다면, 평행사변형의 성질 중 한 가지를 외치면 된다.

게임을 시작하기에 앞서 한 모둠에 카드를 한 세트씩 나눠주고, 카드에 적힌 내용을 학습할 수 있는 시간을 주었다. 교과서를 참고하여 관련된 개념들끼리 카드를 구분해서 놓도록 하면, 카드의 중앙에 적힌 번호가 비슷한 것끼리 나뉘게 된다. 이렇게 수학 개념과 성질을 복습하며 카드와 익숙해지는 시간을 가지면 게임을 진행하는 데 조금 수월해진다.

이 준비 활동이 끝나면 본격적으로 게임을 진행했다. 보드게임은 규칙을 구구절절 설명하는 것보다 경험해보면서 자연스럽게 체득하는 것이 좋기에 각 모둠에서 똑똑이들이 한 명씩 나와서 교사와 짧은 대결을 하도록 했다. 그리고 각자의 모둠으로 돌아가 게임을 진행하도록 했다. 정확한 수학 용어와 개념을 말해야만 점수를 얻을 수 있도록 했고, 상대방이 맞는 개념을 말하는지 서로 확인하도록 했다. 이 활동 시간만큼은 학생들이 가만히 자리에 앉아 있지를 못했다. 승부욕에 불탄 학생들은 "외심~~~!!!!!!!!!!"이라고 교실이 떠나가도록 소리치기도 했다. 물론 활동에 참여하기 어려워하는 학생들도 있다. 이럴 땐 교사가 나서서 "가영이가 할 수 있는 기회를 먼저 주도록 하자", "옆에 있는 친구들이 가영이에게 이 개념을 보충 설명해줄래"라며 모든 학생이 게임에 참여할 수 있도록 안내했다.

게임을 통해 학생들은 수학개념과 용어를 한 번 더 복습할 수 있었고, 이 시간 동안은 모두가 재미있게 수업에 참여할 수 있었다. 물론 이 수업이 '수학적인 역량'을 키워주어야 한다는 나의 수업철학보다는 게임에 조금 더 집중되다 보니 수학적으로 본질적인 흥미를 이끌지는 못했다고 생각한다. 그러나 이 보드게임 수업이 '한 명도 자는 학생이 없는 수업'을 만들며 조금은 재미있고 지루하지만은 않은 수업을 만들었다고 생각한다.

블리츠는 수학교과의 다양한 단원뿐만 아니라 타 교과에서도 단순한 게임으로 구성할 수 있는 재미있는 보드게임이다. 이제 이렇게 흥미로운 보드게임을 시작점으로 재미를 넘어 수학학습에 더욱 도움이 되는 유익한 보드게임을 만들어보고 싶다.

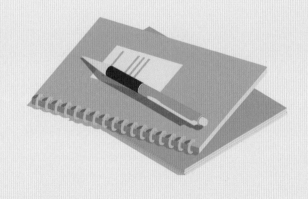

만지고
체험하는 수업

정이십면체의 변화, 지오데식 돔

중학교 1학년 2학기 평면도형과 입체도형 단원에서 입체노형의 성질 다면체 수업 후 정이십면체를 변형시켜 지오데식 돔을 만드는 활동 수업이다.

지오데식 돔이란?

아치에서 발전된 반구형으로 된 지붕이나 천장을 돔이라고 한다. 원형지붕 자체를 돔이라고 부른다. 원시시대 수목텐트의 주거형태에서 비롯되었는데 오늘날 에스키모의 얼음집, 아프리카 원주민의 벌집형 주택 등에서 원시 형태의 돔을 볼 수 있다. 돔을 대규모로 완성한 것은 로마시대의 건축이다.

지오데식 돔은 정삼각형 모양의 받침대들이 모여 반구형의 기본구조를 이룬 것을 말한다. 이 각각의 받침대들이 서로를 지지하는 가장 튼튼한 구조물이다. 정이십면체의 면을 삼각형으로 분할하면서 구형으로 만든 것이다. 모든 꼭짓점이 입체의 중심에서 같은 거리에 최대한 오도록 만든 다면체다. 1940년대에 미국의 건축가 벅민스터 풀러가 지오데식 돔 구조물을 고안해 건축계에 이름을 떨쳤다고 한다.

오늘날에는 실내 체육관, 전시회장, 아트리움 등을 만드는 데 지오데식 돔이 널리 이용되고 우리나라 최초의 돔구장으로 고척스카이돔이 있다.

4D프레임으로 지오데식 돔 만들기

10cm 프레임으로 정이십면체를 만든다. 반으로 잘라 2명이 지오데식 돔을 만들 수 있다. 정이십면체의 모서리를 몇 개로 나누느냐에 따라 단계가 나뉜다. 정이십면체의 한 변을 반으로 잘라 변을 끼우면 정이십면체의 한 정삼각형의 넓이가 $\frac{1}{4}$이 되는 정삼각형 4개가 만들어지고 이것은 2단계 지오데식 돔이다. 한 변을 3개로 잘라 변을 끼우면 한 정삼각형의 넓이가 $\frac{1}{9}$이 되는 정삼각형 9개가 만들어지는데 이것은 3단계 지오데식 돔이다. 점점 조밀하게 한 변을 나누면서 4단계, 5단계 지오데식 돔을 만들 수 있다. 우리는 2단계 지오데식 돔을 만들었다. 반으로 나눈 정이십면체의 모든 변을 반으로 잘라 5cm 프레임을 끼워 만들면 지오데식 돔의 기초가 완성된다. 그런데 5개의 선분이 모이는 꼭짓점 부분은 툭 튀어나와 있다. 이 부분을 매끄럽게 만들어야 한다. 이 문제를 해결하기 위해 지오데식 돔을 만든 건축가가 고안한 계산법을 알아야 한다. 그 비는 1 : 1.13이다. 우리의 4D프레임의 길이는

이미 길이로 만들었기 때문에 길게 붙일 수는 없으니까 자르는 것으로 했다. 그럼 몇 센티미터로 잘라야 할까? 계산해보자.

1 : 1.13 = x : 5를 계산해서 x를 구하면 약 4.42cm이다. 5발에 끼워져야 하니까 튀어나온 꼭짓점에 모인 5cm 선분 5개를 빼내어 4.5cm 정도로 잘라서 다시 끼우면 지오데식 돔이 완성된다.

4D프레임으로 만든 지오데식 돔을 관찰해보자. 다음 표는 활동지로 활용할 수 있다.

지오데식 돔 살펴보기	지오데식 돔		개수
	모서리 A	긴 프레임	35개
	모서리 B	짧은 프레임	30개
	모서리 4개에 연결되는 점의 수		10개
	모서리 5개에 연결되는 점의 수		6개
	모서리 6개에 연결되는 점의 수		10개
	이등변삼각형		30개
	정삼각형		10개
	정오각형		6개
	육각형		5개

신문으로 지오데식 돔 만들기

4D프레임으로 만든 지오데식 돔을 관찰하고 신문지로 지오데식 돔을 만든다. 내가 건축가가 되어 만들어가는 과정으로 이미 설계된 4D프레임 지오데식 돔을 보면서 만들면 쉽게 만들 수 있다. 먼저 얼마나 크게 만들지 결정하고 변의 길이를 자동계산하는 사이트를 이용한다.

http://www.desertdomes.com에 접속하여 Dome calculator에 들어가서 몇 단계를 만들지 선택하고 내가 만들고 싶은 밑면인 원(엄밀히 얘기하면 십각형)의 반지름 길이를 입력하면 연결봉들의 길이를 알려준다. 연결봉을 만들어 할핀으로 연결하여 돔을 아래에서부터 만드는 것이다. 실제 건축을 하는 과정과 같다.

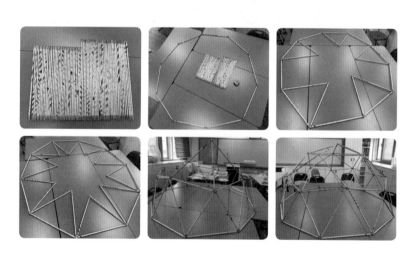

신문지로 지오데식 돔을 만든 후 자기 평가와 활동 소감을 적도록 했다.

평가 및 활동 소감			
이름		수업을 잘 이해했는가?	☆ ☆ ☆
나는 적극적으로 참여했는가?	☆ ☆ ☆	우리조의 협력 접수는?	☆ ☆ ☆
새로운 무엇을 알게 됐는가?		가장 흥미있었던 활동이나 내용은 무엇인가?	
관련된 다른 내용은 무엇이 있을까?		수업 소감	

수업을 마치고

자유학년제 수업과 수학캠프에서 운영을 했다. 아이들은 완성한 4D 프레임 지오데식 돔으로 모자를 쓰고, 신문지로 만든 지름이 100cm 인 지오데식 돔 안에 들어가 기념 사진을 찍었다. 지금 생각해도 뿌듯한 장면이다. 그러나 이 모든 과정이 마냥 순조롭게 진행된 것은 아니다. 신문지로 만들 때 연결봉을 연결하는 할핀의 경우 길이와 두께가 여러 종류 있었는데, 혼자 만들어볼 때는 가능하다고 생각해서 중간 길이의 중간 두께 할핀을 골랐더니, 아이들은 신문지를 나보다 두껍게 말았는지 중간 길이의 할핀에서 자꾸 빠져나와 돔이 번번이 무너졌다. 도와주시는 선생님께서 바로 근처 문구점으로 뛰어가서 긴 할핀을 사서 가지고 오셔서 무사히 만들 수 있었다. 항상 새로운 일을 시도하면 버벅거린다. 그렇게 하지 않으려고 시뮬레이션을 몇 번이나 해보지만 어쩔 수 없다. 다행히 어려울 때마다 동료 선생님들의 도움과 지원으로 무사히 마칠 수 있었다. 이후 동료 선생님 중 한 분이 지오데식

돔 만들기로 동아리 학생들과 2019강원수학축전의 구조물 만들기 대회에 참석하기도 했다. 당시 축전에 참여한 다른 팀들은 구조물을 예쁘게 꾸미고 어떻게 활용하는지 보여줬는데 우리는 그냥 '지오데식 돔'만 만든 것이어서 입상하지는 못했다. 지금 생각해보니 아무것도 없이 그냥 신문지로 만든 돔이 좀 초라하긴 했다. 돔 내부를 꾸몄어야 했는데… 그 안에 전시장을 만들어보든 체육관을 만들어보든 시각적으로 더 아름답게 활용된 모습을 보여줬어야 했다.

그리고 그해 강원도교육연수원에서 사이버 직무연수(2019)로 '생각과 재미가 빵~ 터지는 웃어라, 수학!'이라는 콘텐츠를 만드는 활동에 '지오데식 돔 만들기'를 주제로 오작교 연구회 선생님들과 참여하게 됐다. 총 15차시 중 4차시 수업이다. 그때 8명의 연구회 회원들이 한 가지씩 주제를 정하고 그 주제로 8차시를 만들었다.

'생각과 재미가 빵~ 터지는 웃어라, 수학!'은 지금도 강원도교육연수원과 중앙교육연수원에서 원격 직무연수로 운영 중이다.

Episode

융합수업

나도 즐겁고 아이들도 즐거운 수학 수업 만들기

1. 수업 따라하기

초임 교사 시절, 수업을 정말 알차게 구성하고, 나름대로 활동지도 잘 만들어서 열심히 아이들에게 지도했기에 나는 내가 수업을 잘한다고 생각했다. 하지만 그 생각이 나만의 착각이었음을 깨닫는 데는 그리 오래 걸리지 않았다. 가르침에 집중해 있던 시선을 돌려 아이들의 배움에 집중해 관찰한 결과, 착한 아이들이 그림같이 앉아서 열심히 듣는 것처럼 행동하고, 반응도 정말 잘해주었기 때문이라는 걸 알게 된 것이다. 그렇게 달콤했던 수업 잘하는 교사의 백일몽이 깨지고, 좋은 수업을 위한 고민과 나도 즐겁고 아이들도 즐거운 수학 수업을 만들기 위한 해답을 찾는 긴 여행이 시작되었다.

수업 고민을 해결해줄 연수를 찾아서—한편으로는 학교를 벗어나 여행 같은 기분으로 다른 선생님들을 만나 그들과 이야기를 나누러—

전국으로 좋다고 소문난 연수를 들으러 다녔다. 그러면서 연수에서 배운 것을 따라서 이것저것 시도해보았다. 그중 기억에 남는 수업 하나를 소개하지면 중학교 1학년 다면체 단원의 '수업 열기' 활동으로 김환기, 칸딘스키의 작품으로 '수학이 숨어 있는 명화'라는 수학 감상 창의·인성 수업[1]을 한 것이다. 그러다가 이러한 활동 수업을 본격적으로 하게 된 것은 2014년 창의·공감 교육과정 과학기술 분과 팀장으로 수업장인이신 과학 선배 선생님을 만난 것이 계기가 되었다. 중학교 2학년 외심과 내심 단원 수업에서 외심과 내심을 이용하여 시계 만들기 수업을 설계하는 데 수업-평가 구성과 이론적 배경 공부에 많은 도움을 받았다.[2] 이후 많은 연수에서 들은 소재들을 접목한 수업을 구성하고 적용하면서 나만의 수업 만들기를 해보려고 노력하게 되었다.

2. 누군가와 함께하기

그 해는 유난히 학교폭력이 잦았다. 학교 분위기가 너무 가라앉고 우울하여 아이들이 웃음을 되찾기를 바라는 마음으로 중학교 3학년 제곱근과 실수 단원에서 '좋은 학교란 어떤 학교인가?'를 주제로 칠교 퍼즐을 이용하여 이미지 구성을 하고 그 둘레를 제곱근의 사칙연산을 이용하여 구하도록 하는 수업을 설계해보았다. 그 시기에 아이들이

1. 2009 개정 교육과정의 창의인성교육을 위한 창의인성 수업지도안 자료집(춘천교육지원청, 2010)
2. 2014 강원도 창의공감 교육과정-과학기술분과-연구보고서(강원도교육연구원, 2014)

바라는 학교, 만들고 싶은 학교에 대하여 이야기를 나누어본 결과 아이들이 생각하는 좋은 학교는 '사랑이 넘치는 학교', '자연과 하나 되는 자랑스러운 학교', '꽃과 나비가 날아다니는 아름다운 학교', '만나면 하이파이브 하는 즐거운 학교', '우주 최강 유봉' 등이었다. 그래서 수업 시간에 이를 이미지화하는 수학 활동을 했다. 그 덕분인지 학급과 학교 분위기가 개선되고 실제로 그런 학교를 만들어보고자 노력하는 학생들의 모습을 보면서 나름대로 의미 있는 수업이었다고 생각되어 2018년도 강원도교육연구원의 창의공감교육 연구자료 〈교육과정-수업-평가-기록 일체화 교사, 교육과정을 만들다〉에 '제곱근으로 수학 보기'로 소개했다.

나도 즐겁고 아이들도 즐거워했던 수업으로 전국 수학 교사들의 밴드인 '수학체험활동' 밴드에서 모션 캡쳐를 이용하는 것을 보고 마침

모션샷으로 만든 공의 자취

수업을 준비 중이던 중학교 3학년 이차함수의 그래프 단원에서 적용해본 것도 잊을 수 없다. 모션 캡처 앱을 이용하여 피구공이 지나간 자취를 캡처한 사진을 활동지의 좌표평면에 붙인 후 자취 방정식을 구하기 위해 제시된 식의 유형을 먼저 선택한다. 그다음 사진 위에 좌표축을 잡아 자신들만의 이차함수 그래프 식을 구한다. 이 수업은 비평가로 먼저 학생들에게 적용해보고 학생들의 반응과 피드백을 받아 수업에 재투입하고 개선하여 이듬해에 수행평가로 이어졌다. 나중에 알게 되었는데 좋은 수학과제 개발 자료에 실린 내용이기도 했다.

수업과 평가에 활동을 적용하기가 부담스러운 경우에는 비평가로 학생들과 수업을 해보고 학생들의 반응과 피드백을 받아 수업 설계에 재투입하고 개선하여 수업과 평가에 적용하는 방법도 있다.

3. 나만의 수업 디자인

2016년도부터 수학나눔학교를 운영하면서 수학끼고 걷기 활동Math Tour으로 매년 청평사를 간다. 이 과정에서 아이들이 소양댐까지 가는 버스 노선은커녕 어떻게 검색해서 버스를 어디서 타야 하는지, 어떤 길로 가야 경제적인지 그리고 춘천에서 방문할 만한 장소, 명물, 유적, 문화재 등을 너무 모른다는 것을 알게 되었다. 때마침 사회과목에서도 내 고장 바로 알기 단원을 할 때여서 아이들이 춘천에 대해 잘 모른다는 것을 사회 선생님과의 대화에서 재차 알게 되었다. 이에 착안하여 중학교 1학년 좌표평면과 그래프 단원에서 춘천 관광지도에 눈금이

표시된 투명 필름을 올리고 '춘천 배틀 트립'[3]이라는 제목으로 가고 싶은 곳을 선택하여 하루 여행 경로를 좌표평면에 나타내 점의 좌표를 구하고, 더 나아가 교통비와 식비 등 경비 계산도 해보는 수업을 디자인하게 되었다. 그리고 이 수업 디자인을 '오작교 수업나눔'에서 소개했는데, 오작교 연구회원들이 시간과 계산 편의를 위해 버스비나 택시비는 일괄적으로 제시해주는 것이 좋고, 방문할 장소도 예시를 주는 것이 잘 모르는 학생들을 수업에 더 집중하게 할 것이라는 제안을 해주셨다. 이를 받아들여 수업에 적용한 결과 아이들이 춘천의 관광명소와 먹거리 등에 관심을 가지는 것을 확인할 수 있었고, 방학 때 한번 다녀보자는 약속을 이끌어냈다.

나도 즐겁고 아이들도 즐거운 수학 수업을 만들기 위해 앞에서 소개하지 못한 무수한 실패의 시간이 있었음을 고백한다. 하지만 실패의 어두운 시간이 있었기에 앞에서 소개한 빛나는 시간이 가능했음을 안다. 그리고 생각해보니 이 모든 것이 나답게 살려고 시작한 것인데 결과적으로 좋은 인연이 생겨나 주변에 좋은 사람들을 많이 얻게 되었다. 내 시간과 노력을 들여서 달라지려고 하니 선물처럼 좋은 인연이 주어진 것이다.

---

3. '배틀 트립' : 팀을 나누어 다양한 콘셉트로 여행 방법을 제시하는 KBS 예능 프로그램.

좌표평면과 그래프-춘천 배틀 트립

좌표축과 순서쌍 표현

❖ 춘천 배틀 트립 활동지

NO. 01	I. 좌표평면과 그래프 1.1 순서쌍과 좌표 114p~116p(춘천 배틀트립)	학번 이름: 확인

배움주제 : [ㅅ ㅅ ㅆ]과 [ㅈ ㅍ]를 이해한다.

활동 : 다음 수학 용어를 짝과 설명하기(글쓰기, 그리기 등 함께)

㉠ 순서쌍

㉡ x축, y축

㉢ 좌표축

㉣ 원점

㉤ 좌표평면

㉥ 좌표, x좌표, y좌표

㉦ 제1사분면

㉧ 제2사분면

㉨ 제3사분면

㉩ 제4사분면

활동 : 춘천 여행 코스 시도에 기초 작업

내가 가고 싶고 소개하고 싶은 여행 장소와 순서는?(＊주어진 여행 장소를 참고하세요)

(   ) → (   ) → (   ) → (   )

탐구 : 춘천 관광 지도에 OHP필름을 얹고 좌표축을 그린 후 탐사하기로 정한 여행 위치를 표시한다. 여행 장소를 지도에 좌표로 나타내고 활동지에 적어보아라.

모둠 활동 : 모둠원끼리 여행 코스를 공유하고 경비와 시간 계산하여라. 시간과 경비가 예상보다 초과하는 경우 여행 경로를 수정해도 좋다.(＊주어진 버스비, 택시비, 식비, 관람료 등을 참고하세요)

• 교통비

• 식비 및 관람비

• 합계

• 소요 시간

의사소통 : 여행 코스를 정한 이유와 비용, 시간을 친구와 이야기해보고 수정하여 발표한다.

수학 두 줄 일기 쓰기

함수 수업 이야기

갈대로 그린 일차함수

2016년.
네이든은 도심 속 패턴을 보며 아름다움을 느낀다.
자연 속에는 수학을 공부할 거리가 참 많다.
교과서 속 수업내용을 자연 속에서, 생활 속에서 찾는 노력을 계속하던 중 직선으로 이루어진 미니갈대, 강아지풀, 작은 들꽃 들이 눈에 들어왔다.
몇 주간 고민해서 이루어진 야외수업, 자연으로 그리는 일차함수, 모두가 처음이어서 걱정도 설렘도 많았던 수업.
어느 기초부진학생의 '오늘은 할 만했다'라는 수업 후기.
모두가 참여하고, 야외에서 바람도 쐬고, 개인별 활동과 조별 활동이 함께 이루어져서 좋았다.
작품을 교실 뒤에 게시하고 단원 마무리 형성평가할 때까지 요긴하게 활용했다.
2017년도엔 날씨, 진도, 변화 등으로 적용하지 못했지만, 내년엔 더 업그레이드하여 적용할 수 있을 것이다. 그리고 갈대로 그린 일차함수의 후속편 이차함수의 이야기도 3학년 폴더에 담을 예정이다.

〈네이버 블로그〉 재미있고 신나는 수학 수업 만들기에서 블로그에 담았던 수업을 다시 생각해본다. 자고 있던 학생들, '수학도 밖에서 하냐'고 투정 부리던 운동부 아이까지 모든 아이들이 자연 속에서 자신만의 직선을 찾아와서 활동지의 좌표평면 위에 붙인다. 그리고 자신의 이름과 직선의 방정식까지 적는다. 이어서 그래프의 두 점에 대한 정보를 담고 포스트잇에 자신이 느낀 점을 적는다. 이 모든 활동은 아이들이 해야 하는 최소 활동이고 모두 도달해야 할 최소 성취기준이 된다. 잘하는 아이들에게는 다소 쉬운 문제일 수 있지만, 친구들 모두가 오늘 수업에 함께 참여할 수 있도록 도와줘야 하는 '협력과 이끔'이라는 더 큰 과제가 주어진 셈이다.

멋있는 명화는 아니지만—그리고 국어 야외수업에서의 책 읽기와는 다소 분위기가 다르지만—바닷바람이 부는 운동장에서 수학을 공부해본 것이 아이들에게 수학은 교과서와 교실 속에만 있는 것이 아니라는 새로운 경험이 되었을 거라 생각한다.

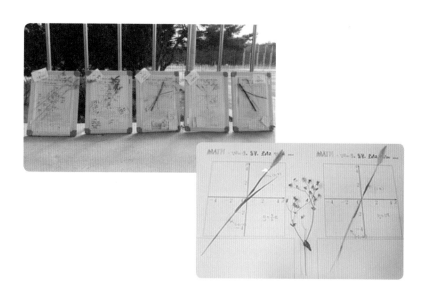

갈대에서 찾은 일차함수

제목 :

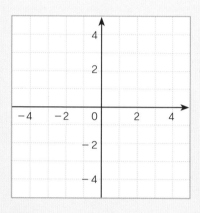

수업은 이렇게 진행됩니다.

0. 일차함수 $y=ax+b$ 그래프 기울기의 성질을 공부했습니다.

1. 조별로 **카드를 뽑고**, 카드의 내용에 맞에 제목을 정합니다.

2. **자연에서 직선을 찾아** 제목에 맞는 **일차함수그래프를 좌표평면에 붙입니다.**

3. 직선바로 옆에 **자신의 이름, 일차함수 식** 등을 적습니다.

4. **직선의 정보**를 적습니다. (두 점/또는 x절편과 y절편/또는 기울기 와 y절편 등)

5. 오늘의 수업을 돌아보며 **반성**합니다. (느낀 점, 알게된 점, 공부해 야 할 내용 등) – 포스트잇 붙이기

6. 발표 및 공유하는 시간을 갖습니다.

7. 수고하셨습니다.

조별 카드

기울기 > 0	기울기 < 0
모두 평행	y절편 = 0
기울기 = 1/2	y절편 > 0
y절편 < 0	기울기 > 0 y절편 = 0

신문 속 함수 찾기

함수는 일상생활에서 많이 찾아볼 수 있다. 시간에 따른 나의 키의 변화, 개수에 따른 가격의 변화, 높이에 따른 에너지의 변화 등이 바로 함수의 예다. 초등학교에서 규칙과 대응, 중학교에서 정비례와 반비례로 시작하여 고등학교의 무리함수까지 계속 이어지는 중요한 단원이기도 하다. 하지만 학생들은 학습의 어느 한 단계 어느 한 과정에서 어려움을 겪게 되면 '함수는 어려운 단원'이라는 사실을 강력하게 인식하는 경우가 많다. 함수의 개념을 이름만 달리하여 'x와 y의 관계'를 반복 학습하는 것인데, 학생들의 부정적인 인식은 함수 단원 학습의 어려움을 가중시키기 마련이다.

아이들에게 함수는 주변에서 쉽게 찾을 수 있으며, 재미있다는 생각을 갖게 해주고 싶었다. 그래서 함수 단원의 첫 시간은 교사인 나를 수업의 소재로 사용한다. 'x축과 y축이 의미하는 것은? 왜 산이 4개일까요?'와 같은 퀴즈를 맞히는 시간이 아이들은 재밌다. 산이라는 표현은 은유적인 표현이다. 급격히 증가했다가 급격히 감소하는 부분이 산으로 표현되는데, 이 부분을 모르는 친구들은 '왜 산으로 표현하지'라는 물음에서 답을 찾게 되면 그래프 해석하기에 조금은 가까이 간 셈이다. 뾰족한 산 모양의 그래프에서 반복되는 패턴을 찾아 어느새 학생들은 '임신(증가)—출산(감소)—육아(감소)'를 박자를 맞추어 함께 외친다. 이렇게 선생님의 시간에 따른 몸무게의 변화를 함께 보면서 웃는 시간을 가지며 시작하는 함수의 첫 시간은 함수에 대한 거부감을 없애기에 충분한 의미있는 시간이 된다.

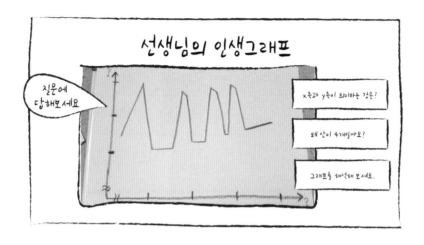

또한, 좌표평면에 점을 찍는 과정은 함수영역의 중요한 기초학습 단계다. 이 단계를 놓치게 되면 중·고등학교 6년 동안 그래프를 그리고 해석하는 과정에서 계속 어려움을 겪기 마련이다. 그래서 중1 좌표평면과 그래프 단원에서 EBS MATH의 '데카르트의 파리잡기' 게임을 활용했다. 아이들은 누구나 게임에 흥미를 갖고 있다. 조별 또는 개인별 게임으로 진행하면 의욕 없이 책도 안 펴고 관심 없던 친구들도 파리 잡기 게임으로 목소리를 높여가며 자연스럽게 좌표와 좌표를 알게 되고, 좌표평면에 점을 찍어 순서쌍을 나타내는 것을 쉽게 이해할 수 있게 된다. 파리 잡기로 떠들썩한 교실, 모든 아이들이 즐겁게 배움을 함께하는 모습이 뿌듯하다.

함수 단원의 마지막 과정은 '신문 속 함수 찾기'로 계획한다. 신문이나 뉴스 등 언론의 다양한 정보가 그래프와 함께 제시된다. 그래프를 시각적으로만 보는 것이 아니라 두 양의 관계를 따져보면서 신문 기사의 의도와 그래프 해석 능력을 키우고, 나아가 자신이 생각한 원인 분

❖ 학생 활동지

III. 함수-"신문 속 함수를 찾아라"	학번 _____ 이름 _____
1. 신문내용을 스크랩한다. 2. 함수의 뜻을 적는다. 3. ■와 ▲의 관계를 파악하여 함수인 지 살펴본다. 4. 그래프를 보고, 대응표를 완성한다. 5. 대응표 또는 그래프를 보고 해석해 본다.(예: 몇 년 사이에 얼마큼 증가 했다. 1년간 증가하다 2년간 다시 감 소한다) 6. 기사를 보고 전체적인 느낌/원인 분 석/미래예측/발전적인 방향 논하기 신문을 붙이세요	신문 이름, 발행일, 기자 이름 함수란 무엇인가-글, 그림, 식 등을 이용하여 표 현 x와 y를 찾으세요-누구와 누구의 관계인지 살펴 보세요. 그래프를 보고 대응표로 나타내세요. <table><tr><td>x ( )단위</td><td>…</td><td></td><td></td><td></td></tr><tr><td>y ( )단위</td><td>…</td><td></td><td></td><td></td></tr></table> 해석해보기-그래프의 증가감소, 원인 분석, 미래 예측 등
기사를 보고 전체적인 느낌/원인 분석/미래예측/발전적인 방향 논하기	

66

석, 앞으로의 대처 방안을 제시하는 활동으로 구성한다.

우리 주변에서는 다양한 함수들이 존재한다. 그중 신문과 뉴스에서 접하는 그래프를 보고 분석하는 활동을 통하여 '아, 여기에 이런 함수가 있었구나…' 하는 함수에 대한 이해를 돕고자 수업을 준비하게 되었다. 함수에 대한 이해, 그래프−표−언어로의 번역을 통하여 해석한 뒤, 신문 내용과 내 생각을 바탕으로 한 원인 분석, 대안 찾기, 예측 활동 등의 생각을 정리할 수 있는 수업이다. 수학적 상상력과 논리적 사고력을 키우는 수업에 대한 고민은 앞으로도 쭉 이어질 것이다.

융합수업

세상 속 수학 이야기

1. 세상 속 수학을 엿보다

아이들에게 주변 세상의 다양한 모습을 보여주고 싶어서 2008년부터 발행한 학급신문이 시작이었다. 시간이 흘러 2017년, 교사로서의 경력이 쌓이면서 담임 대신 부장이라는 직급이 내 이름 뒤에 붙었으나, 담임 반 학생들과 함께 했던 학급신문과 세상 속 이야기 100자 쓰기 활동을 계속 이어가고 싶었기에 수학 수업 시간으로 눈을 돌렸다. '아이들이 살고 있는 세상을 수학 수업에서 보여줄 수는 없을까?' 하는 생각에 문제풀이가 아닌 세상 속 수학 이야기를 중단원 시작하는 한 시간에 녹여내보고자 마음먹었다.

❖ 2학년 세상 속 수학 이야기 구성

대단원	중단원	세상 속 수학 이야기 소주제	비고
식의 계산	유리수와 순환소수	호루스의 눈, 신비로운 수	
	단항식의 계산	숫자의 가장 큰 단위, 알데바란까지 거리	
	다항식의 계산	세계 여러 나라의 곱셈	
방정식과 부등식	연립방정식	역사 속 연립방정식 문제들 컴퓨터 단층 촬영술	
	부등식	북한의 수학용어, 북한에서의 수학교육	
함수	일차함수와 그래프	축구 속 수학! 포메이션에 숨은 +1의 비밀	
	일차함수와 일차방정식	바다의 신음소리, 우리가 버린 플라스틱의 역습	
확률	경우의 수와 확률	죄수의 딜레마	
도형의 성질	삼각형의 성질	버뮤다 삼각지대, 펜로즈의 삼각형	
	사각형의 성질	황금비율, 우리나라의 금강비	
도형의 닮음	도형의 닮음	우리 주위의 프랙탈, 프랙탈의 부피와 넓이	

소수와 분수 이야기

중2 수업의 시작인 유한소수와 순환소수 단원에서는 다양한 소수, 분수 이야기와 더불어 호루스의 눈 신화와 호루스의 눈을 이용한 미술, 건축, 영화 이야기, 베르나르 베르베르의 소설 《신》에 나오는 신비로운 수 142857 이야기로 학습지를 구성했다. 이상하다. 수학 교사로 수학 수업을 하며 교과서 내용만 가르쳐온 나에게도 '세상 속 수학 이야기'는 신세계다. 자료를 정리하는 데 평균 네댓 시간이나 걸리지만 새로운 것을 알게 됨은 물론 나조차 수학이란 녀석에 더욱더 끌리는 기분이다. 수학과 역사, 인문학, 수학의 신비 등 수학의 배경을 소개하는 나의 목소리에 흥이 돋는다. 나의 우려와는 달리 눈을 반짝거리며 이야기에 집중하는 아이들의 모습을 보는 것은 교사에게 세상 그 무엇보다 행복한 일이다.

학습지를 함께 읽는 것만이 이 수업의 끝은 아니다. 어떠한 수업이든 학습한 내용을 스스로 생각하고 재구조화하지 않으면 진정한 배움이 아닌 것을 알기에 '세상 속 이야기' 수업 후에 학생들이 주제에 대해 관심이 가는 내용을 더 조사하거나 자기의 생각을 적도록 100자 쓰기를 필수로 구성했다. 글 쓰는 것을 너무 힘들어하는 중2 남학생들이라 몇 자라도 적어오면 칭찬해주리라 마음먹었는데 두 시간에 걸쳐 호루스의 눈 그림을 그리고, '페르마의 소정리' 내용을 소개하고, 호루스의 눈과 일루미나이트를 연결하고, 1/13을 직접 계산하여 소수를 분석하는 등 놀라운 100자 쓰기 작품을 마주했다. 수에 대한 학생들의 다양한 이야기를 펼칠 무대를 만들어주는 것 또한 수학 교사의 역할이 아닐는지.

"나는 142857이라는 수가 매우 흥미로웠다. 왜냐하면 그 수에 1부터 6까지 곱했을 때 같은 숫자들이 위치만 바뀌어가며 나타날 뿐만 아니라 142857의 배수를 반으로 갈라서 서로 더하면 999가 나온다는 사실이 너무 신기했기 때문이다. 또한 가장 흥미로웠던 점은 분모가 7인 분수를 소수로 나타냈을 때 소수점 아래 숫자들이 142857의 배수가 순환한다는 것이었다. 이 숫자가 너무 신기하고 기묘해서 선생님께서 말씀하신 계산도 해보았는데 076923이 반복되고 이 수와 이 수의 배수 모두 반으로 갈라서 더하면 999가 나와서 너무 놀라웠다."

곱셈과 나눗셈은 어디서 왔을까?

중3 제곱근의 사칙계산 단원의 세상 속 수학 이야기는 곱셈과 나눗셈 기호의 기원부터 역사 속 나라별 6가지 곱셈 방법으로 구성했다. 그저 구구단이 거기 있기에 외웠을 뿐이라고 이야기하던 아이들이 러시아 농부의 넓이를 활용한 계산법에서 새로운 수학을 보았다고 했고, TV 프로그램에서 중국의 문살 곱셈법을 봤다며 마치 무용담처럼 이야기하는 아이의 어깨에는 힘이 들어갔다. 수업을 끝내고 교무실로 가려는데 갑자기 한 무리의 학생들이 칠판으로 뛰어나오더니 중국의 문살 곱셈법을 이용한 문제를 직접 만들고 서로 해결하겠다며 칠판에 줄을 긋는다. 배운 것을 바로 시도하는 살아 있는 수학의 현장을 보는 듯하다.

며칠 후에는 일본의 발 계산법을 안다고 한 학생이 A4용지 한 장에 빼곡하게 계산법을 정리하고 프린트해서 슬며시 내게 건넨다. 내가 꿈꾸던 학생들이 배움을 시도하고 새로운 경험을 찾는 꼬리에 꼬리를 무는 수업이 이런 것일까?

2시간에 걸쳐 그렸다는 호루스의 눈그림

중국의 문살 곱셈법을 확인하는 아이들

전통 칠교놀이 속 무리수 찾기

중3 제곱근의 활용 단원은 칠교놀이를 활용한 도형의 둘레 구하기 활동수업과 연계하여 구성했다. 먼저, 우리 선조들이 칠교놀이에 자연과 세상의 이치를 담았음을 느끼게 하고 싶어 모둠 대항 '현암사판 전통 칠교놀이'의 칠교도 제목 맞히기를 했다. 몇 가지 힌트를 주니 의외로 답을 잘 적어 나갔는데, 벌과 나비 그림을 보고 인공위성이라고 하는 모둠이 몇몇 있는 걸 보니 시대의 차이인 듯싶다.

두 번째 활동은 학습지에 제시된 15개의 칠교도 중 모둠별로 두 개 이상을 선택해 B4활동지에 붙여 제출하는 것이다. 수업 시간에 머리를 맞대고 함께 고민하는 학생들의 모습만큼 정겨운 모습이 또 있을까? 이렇게 학생들이 제출한 칠교도 작품은 근호를 포함한 사칙계산 단원이 끝난 후 학습지로 재탄생하여 도형의 넓이와 둘레를 구하는 활동으로 자연스럽게 연결했다. 반복이 필요한 계산임에도 학생들이 직접 만든 칠교도 작품이라 더 애착을 갖고 해결하려는 모습을 보였다.

동양의 칠교놀이와 서양의 악마의 퍼즐 모두 귀족들에게서 유행하던 놀이로 동서양을 막론하고 신분이 낮은 사람들은 그저 그림자로 여겨 머리로 생각하게 하는 것을 허용하지 않았다는 학습지의 글에서 많은 생각이 든다. 아이들은 어떤 생각을 할까?

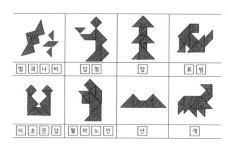

현암사판 '전통 칠교놀이'

모둠별 칠교도 만들기

❖ 세상 속 수학 이야기 학습지(예시)

세상 속 수학 이야기	학번		I 1
	이름		

1. 호루스의 눈

이집트에는 매의 머리를 가진 호루스라는 이름의 신이 있다. 호루스 의 눈이란 신화가 전해 내려오는데, 호루스의 눈이란 매의 눈을 뜻하 기도 한다. 옛날 하늘의 신과 땅의 신 사이에서 태어난 오시리스는 이집트를 다스리면서 나라를 미개 상태로부터 문명국으로 발전시켰 다. 그의 동생 세트는 형의 성공을 시기한 나머지, 흉계를 꾸며 형을 죽이고 시체를 상자에 넣어 나일강에 흘려 보냈다. 오시리스의 아내

이시스는 이 상자를 강기슭에서 건졌으나 다시 세트에게 빼앗기고 말았다. 세트는 다시 오시리스의 시체를 토막내어 이집트 각지에 뿌렸다. 하지만, 이시스는 이것을 일일이 주 워 모아서 형체나마 남편의 모습을 되찾게 했다. 사자死者의 신이 이것을 미라로 만들었 으며, 이시스는 자신의 날개로 부채질하여 남편을 되살아나게 했다. 그리하여 오시리스 는 저승의 왕이 되었고 그의 아들인 호루스가 세트를 무찌르고 왕이 되었다. 그러나 이 때 세트는 그의 눈을 뽑아 산산조각을 만들어버렸다. 그러자 지혜의 신 토트가 눈의 조 각들을 모아서 기적적으로 원래 모습을 되찾게 해주었다고 한다. 그리하여 토트의 마법 으로 회복된 왼쪽 눈은 검은 빛을 띠며 치유와 달을 상징하게 되었고, 오른쪽 눈은 태양 신 라의 성질로 인하여 태양을 상징하게 되었다.

호루스의 눈에는 후각($\frac{1}{2}$), 시각($\frac{1}{4}$), 생각($\frac{1}{8}$), 청각($\frac{1}{16}$), 미각($\frac{1}{32}$), 촉각($\frac{1}{64}$)을 상징하는 분수가 숨겨져 있고, 이를 모두 더하면 $\frac{63}{64}$이 다. 이때 $\frac{63}{64}$이 1이 되기에 부족한 수는 호루스의 눈을 치유해준 지혜와 정의의 신 토트가 채워준다고 여겼다.

고대 이집트에서는 단위분수의 생각을 바탕으로 모든 분수 계산을 치렀다. 단 위분수란 분자가 1인 분수로, 이집트인들은 $\frac{2}{3}$를 제외한 모든 분수를 단위분수 로 나타냈다. 예를 들어 2÷17을 $\frac{2}{17}$로 나타내면 되는데 수고스럽게도 2÷17= $\frac{1}{12}+\frac{1}{51}+\frac{1}{68}$과 같은 식으로 나타낸 것이다.(그래서 계산표가 필요했다.)

세상 속 수학 이야기를 읽고(100자 쓰기)

2. 세상에 수학을 외치다

우리는 숫자로 둘러싸인 세상에서 산다. 하지만 학생들은 물론 어른들도 학창 시절 가장 싫어한 과목으로 수학을 선택하는 데 주저하지 않는다. 특히 방정식, 부등식, 함수의 활용 문제에는 다양한 일상의 숫자가 숨어 있음에도, 문제를 보기만 해도 고개를 절레절레 흔들며 어렵다고 아우성을 친다. 중학교 1학년 일차방정식 활용 문제 '집에서 학교까지 가는데 시속 10km로 자전거를 타고 가면 시속 5km로 걸어서 가는 것보다 12분 빨리 도착한다. 집과 학교 사이의 거리를 구하여라'에서 과연 '시속 5km로 걷는다'라는 개념을 학생들이 가지고 있을까? 문제를 이해하기보다 풀이 방법을 암기하고 빠르게 답을 구하는 것에 급급하다 보니 활용 문제를 거부하는 것은 아닐까? 하는 생각에 방법을 바꾸어 숫자 개념을 이해할 수 있도록 문제 상황을 몸으로 시뮬레이션했다. 시속 5km는 한 시간에 5km를 움직이는 속력을 의미하고, 식을 풀어내면 1초에 1.38m를 가는 속력을 뜻한다. 성인 보폭이 1m 정도임을 고려하여 아이들에게는 1초, 2초를 외치게 하고 나는 대략 시속 5km로 걸어본다. 어느 사이 학생들이 내 주변에서 다양한 속도로 걸으며 그들의 속력에 대해 재잘거린다. 세상과 수학을 연결하는 힘을 키우는 것 또한 수학 수업에서 놓치지 말아야 하는 부분이다.

이렇게 우리 주위에 가득한 수학으로 세상을 바꿀 수도 있을까? 우리가 보는 뉴스나 인터넷 기사 속의 수많은 숫자와 그래프들은 지금 우리가 사는 세상에 대한 지표를 보여준다. 학생들이 그 숫자들을 그냥 넘기지 않기를, 배운 내용을 직접 행동에 옮기기를 바라는 마음으로 아래 두 가지 수업을 진행했다.

우리가 버린 플라스틱의 역습

2018년 7월에는 하루에 만들어지는 엄청난 플라스틱으로 오염되는 바다와 바다생물에 관한 뉴스들로 가득했다. 아이들과 꼭 함께 다루어보고 싶은 소재이기에 오랜 시간 기사와 자료를 스크랩해두며 학습지를 만들었다. 보기만 해도 마음이 아픈 플라스틱에 목숨을 잃은 생물들의 이야기로 시작을 열어, 결국 플라스틱은 미세플라스틱으로 분해되고 우리의 식탁 위로 다시 몸속으로 돌아오게 될 악순환, '플라스틱 수프로 변해가는 바다'라는 기사 제목으로 두 번째 글을 요약했다. 세 번째는 2016년 Euromap 보고서를 인용해 한국이 플라스틱 소비량 1위라는 기사와 한국은 플라스틱을 원료로 하는 산업이 발달하여 소비량이 1위일 뿐 실제로는 반 이상을 수출한다는 기사를 준비해 같은 내용을 다양한 관점에서 볼 수 있도록 했다.

마지막으로 2009년부터 2015년까지 한국, 중국, 미국, 벨기에의 1인당 연간 플라스틱 사용량을 표와 그래프로 제시하고, 하나의 나라를 정하여 일차함수를 활용해 전문가들이 예측한 2020년 플라스틱 사용량 맞히기를 했다. 물론 엄밀하게 말하면 연도에 따른 플라스틱 사용량이 일차함수는 아니지만, 학생들은 나름대로 규칙을 찾느라 끙끙거렸고, 결국 소수 첫째 자리까지 예측한 학생이 나와 신기하기도 했다. 관련하여 평균치의 일차함수 구하는 방법도 잠깐 소개해주었으나 '저건 무슨 소리?' 하는 눈빛이 너무 강해서 살짝 패스~~

연도\나라	2009	2011	2013	2015	2020
한국	54.28	58.49	59.63	61.97	
중국	15.83	18.88	21.16	24.09	
미국	43.58	46.45	47.54	48.78	
벨기에	79.95	87.16	83.40	85.11	

〈1인당 연간 포장용 플라스틱 사용량(단위: kg)〉

※ 관련 내용은 수학공학도구 알지오매스를 활용해 해당 점을 찍고 일차함수의 추세선을 그리는 활동으로도 연결할 수 있다.

"우리가 버린 플라스틱 때문에 아픈 동물들에게 미안했기에 앞으로 비닐봉지를 많이 안 쓰려고 노력해야겠다는 생각이 들었다. 나 하나하나가 희망이라는 걸 잊지 말자."

"처음에 사진들이 너무 엽기적이어서 아무 생각이 없었는데 흑백 속 가려진 한 편의 진실을 보니 너무 슬픈 스토리다. 우리가 아무 의미없이 사용하던 게 결국 우리에게 돌아온다. 플라스틱은 도움을 주지만 또는 우리에게 피해로 돌아오는 것을 느꼈다."

"오늘 세상 속 이야기 쓰레기와 관련된 내용을 보고 우리나라에 쓰레기 투기와 관련된 법이나 제대로 투기하는 방법 등을 찾아보아서 공부를 하고 나라도 먼저 쓰레기 버리는 것을 제대로 해야겠다. 그리고 쓰레기 버리는 양을 조사하고 방안을 찾는 것도 수학이 필요하다는 사실에 신기했다."

학생들의 100자 쓰기 글에서 진심이 느껴진다. 관련 단원이 끝난 뒤에도 학생들은 그린피스에 서명한 이야기, 카페에서 빨대를 쓰지 않고 귀찮지만 텀블러에 음료를 받아온 이야기들을 자랑스럽게 한다. 한 학생은 지역의 프레젠테이션 대회에 '플라스틱의 역습'을 주제로 발표해 대상을 타기도 했다. 나비효과! 비록 한 아이의 날갯짓은 미미할지라도 이 아이들이 세상을 바꿀 수 있는 사람이기를 기대해본다.

장애인 경사로를 고쳐주세요

거꾸로교실 수업자료집 함수 단원에 소개된 장애인 경사로 구하기 수업! 꼭 해보고 싶었지만 다른 과목과의 융합 수업이라 한동안 주저했다. 같은 학교에 강원도 수평선(수업 평가 개선) 교사 활동을 함께 하는 국어 선생님께 넌지시 관련 수업 이야기를 꺼냈는데 한 학기가 지나 선생님의 러브 콜이 왔다. 이미 배운 단원이면 어떠하랴~ 해보고 싶은 것은 해야지. '우리 동네의 장애인 경사로를 조사하라!' 수학학습지에서 장애인 편의시설 경사로 설치 기준을 설명하고, 학생들에게 주변에 있는 장애인 경사로 중 기준에 맞지 않아 보이는 곳의 사진을 핸드폰으로 1~2장 찍어 나에게 SNS로 전송하도록 했다. 인쇄한 사진을 학습지에 붙이고 경사로의 기울기를 조사해 장애인 경사로 기준에 적합한지 확인한 후 경사로의 기울기를 이용해 일차함수를 그리고 함수식, x절편, y절편, 기울기 등을 구하도록 했다.

아이들은 찍은 사진을 분석하며 경사로가 너무 높은 것 이외에도 난간이 설치되지 않거나 장애인 경사로에 물건이 쌓여 있는 등 다양한

❖ 수학 학습지

생활 속 일차함수(융합수업-수학, 국어)	
배움주제	우리 동네의 장애인 경사로를 조사하라!

♣ 장애인 편의시설 경사로 설치 기준

❷ 기울기

(1) 장애인 경사로의 기울기는 [   ] 이하로 한다.

(2) 다음 요건 충족시 경사로의 기울기를 [   ] 까지 완화하는 것이 가능하다.

① 신축이 아닌 기존 시설에 설치된 경사로 일 때

② 높이가 1m 이하인 경사로 시설의 구조 등의 이유로 기울기를 [   ] 이하로 설치가 어려울 때

③ 시설관리자로부터 상시 보조서비스가 제공될 때

〈1〉 장애인 경사로를 촬영한 사진이다. 기울기를 구해보고 장애인 경사로가 법적 기준에 맞는 곳을 찾아라.(유성펜으로 경사로 모양을 진하게 그려보자.)

장소1	
사진	
기울기	

〈2〉 위 사진의 기울기와 임의의 y절편을 정하여 일차함수를 그리고 함수식과 x절편을 구하여라.

학생작품 예시

문제들을 발견하여 나에게 신고(?)했다. 이제 국어수업 시간으로 토스! 국어 선생님은 아이들이 찾은 내용을 바탕으로 '규정에 맞는 장애인 경사로 설치를 위한 건의문 작성하기' 수행평가를 실시했고, 여러 편의 완성된 건의문 작품을 내게 건네셨다.

사후활동으로 군청 홈페이지나 안전신문고에 건의문과 사진을 올려 작은 관심으로 사회를 바꿀 수 있는 경험, 옳지 않은 일을 건의하고 바꾸어가는 민주시민, 장애인을 배려하는 태도를 배우는 계기를 만들어주고 싶었으나 그렇게 마무리하지 못한 아쉬움이 남는다. 더불어 특수교사 선생님이 장애인 편의시설 경사로 설치 기준을 설명하는 교사 협력 수업을 진행했으면 더 의미있는 수업이 되지 않았을까.

"안녕하십니까? 군수님. 저는 ○○중학교에 2학년에 재학 중인 학생입니다. 군수님께서 홍천을 더 발전시키시고 살기 좋은 지역으로 만들기 위해 헌신하시는 모습을 보면 감사하다는 생각이 듭니다. 그럼에도 제가 이 건의문을 쓰는 이유는 주변에 장애인 분들이나 노인 분들, 몸이 불편하신 분들을 위한 장애인 경사로에 대해 건의하기 위해서입니다. 아시다시피 홍천 공공장소에는 대부분 장애인 경사로가 설치되어 있습니다. 하지만 몇몇 아파트에는 경사로가 있지만, 경사로의 기울기가 0.083 이상을 넘는 경우가 있거나 아예 없는 아파트도 있습니다. 예를 들어 ○○아파트 1차에서는 경사로는 있으나 장애인 경사로의 기울기인 0.083을 넘은 경사로가 있어 그 경사로를 이용하지 못하고 있고, 군청에서 걸어서 약 3~4분 거리에 있는 제가 살고 있는 ○○아파트는 할머니, 할아버지들께서 많이 거주

중이신데 경사로가 없고 계단만 있어 힘겨워하는 할머니, 할아버지의 모습을 많이 보았기에 이것에 대해 건의합니다.

제가 요구하는 것은 첫째, 장애인 경사로의 높이를 낮추고 손잡이를 설치한다. 특히, ○○아파트에는 장애인 경사로가 없으므로 경사로와 손잡이를 설치하면 할머니, 할아버지들께서 다니기 쉽고 편리하게 이용하실 수 있을 것입니다.

(중략)

저는 원래 장애인에게 전혀 관심 없던 학생이었습니다. 그러나 우리가 배려하고 관심 있게 보면 모든 사람이 편하게 살 수 있는 세상을 만들 수 있을 것입니다. 지금까지 부족한 글을 읽어주신 군수님께 감사드립니다.

2018년 11월 16일 ○○○ 올림

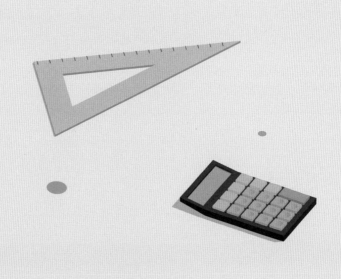

융합수업

통계 수업 이야기

고등학교에서 근무하다 중학교로 와서 모든 것이 낯설었다. 성적에 정성을 기울이지 않는 아이들이 많았고 잘하는 아이들은 이미 학원에서 예습을 하고 와 '시험만 잘보면 되지'라는 생각으로 수업에 적극적으로 참여하지 않았다. 수업방법에 대하여 많은 고민을 했다. 사교육으로는 배울 수 없는 수학적 사고력을 키우는 방법이 뭐가 있을까 수학 관련 책을 찾아서 읽고 인터넷을 뒤져보고 대학원을 다니며 새로운 수업을 갈망하며 모색한 시기였다.

그러던 중 전국 통계활용대회라는 것을 알게 됐다. 입상 작품을 보고 '재밌겠다. 아이들과 해보고 싶다'라고 막연히 생각했고 그 생각은 같은 시의 다른 학교로 전근을 하면서 구체화되었다.

통계 활용 포스터 만들기

그 당시 자유학기제 초창기라서 수학과 모임에서 1학년 주제선택 수업에 관한 이야기를 많이 했다. 동료 수학 선생님들이 전국 통계활용대회에 관심을 가지면서 교내 통계활용대회를 계획하게 되었다. 간호사 나이팅게일이 통계에 큰 영향을 주었다는 것을 아이들에게도 알리고 싶어 나이팅게일을 넣은 포스터를 만들어봐야겠다고 구상하고 있었는데, 마침 전 해의 전국 통계활용대회 포스터를 보니 나이팅게일이 있었다. 그 포스터를 가지고 와서 우리 학교에 맞게 그림 일부분을 고치고 대회 날짜와 시상 날짜를 고쳐서 계획서를 만들었다. 전국대회 공고문의 모방에서 시작했지만 내용은 우리 학교 나름대로 개성 있고 흥미로운 대회로 자리잡게 되었다.

교내에서 통계활용대회 공고를 하니 학생들이 우수한 아이디어를 가지고 계획서를 제출했다. 계획서를 받는 것만으로도 성공한 듯한 기분이었다. 학생들이 설문지를 가져오면 아낌없이 복사해주고 담임선생님들께 부탁드려서 설문을 할 수 있도록 도와줬더니, 아이들이 설문지를 분석하고 해석해서 멋진 포스터를 만들어왔다. 아이들이 의욕적으로 좋은 내용들을 가지고 왔다. 좋은 작품으로 전국 통계활용대회에

첫 교내 통계활용대회 작품 전시

출품하여 입상하게 되었다.

이렇게 통계에 관심을 가지고 활동하고 있었는데, 마침 통계청에서 운영하는 통계선도학교 공모 공문이 시행되었다. 공문을 보고 서재신 선생님이 우리 학교에서 통계에 대한 활동을 하고 있으니 해보면 어떠냐고 제안해 용기를 내서 해보기로 했다.

통계선도학교 활동으로 먼저 동아리 학생들과 3월부터 통계활용대회 출품작을 만들기 시작했다. 문제설정-자료수집-자료분석-결과해석의 순서로 이때 준비한 3팀 중에서 2팀이 강원수학축전의 통계포스터 활용대회에 수상자로 선정되어 현장 발표를 했다. 아이들에게도 좋은 경험이었다.

발표 모습

통계퀴즈대회

1학년은 교과서에서 배운 통계 단원으로 2학년은 단원 내용인 확률로 3학년에서는 통계독서로 퀴즈대회를 했다. 3학년 통계 도서로 《새빨간 거짓말, 통계》(대럴 허프 저)를 선정했다. 이 책은 다른 사람을 설득하기 위해 통계가 효과적이라고 하면서도 동시에 '속지 말자, 통계는 너를 설득하기 위해 조작될 수도 있어'라고도 했다. 어떤 주장을 합리화하기 위해 사용한 통계는 독자들을 속일 수도 있으니 너무 믿지 마!!라고 충고했다. 흥미로운 책이었다. 이 책을 3학년 학생들이 읽고, 학습지를 완성하고 직접 문제를 만들었다.

	새빨간 거짓말 통계				
	책제목	새빨간 거짓말 통계	주제	작은 숫자를 생략하여 사기 치는 법	확 인
			학번 이름		

1. 용어정리 - 뜻을 적고 예를 들어 설명해 보기

① 유의수준
② 편차
③
④

2. 통계의 속임수는 무엇이 있는지 책을 참고하여 적어보세요.
   그러면 속지 않는 방법은 무엇일지 생각해 보세요.

3. 게젤의 준거는 무엇입니까? 게젤의 준거를 극복하기 위해서는 어떤 방법이 필요할까요?

4. 우리 주변에서 신뢰하지 못하는 기사가 있었나요? 신뢰할 수 없었던 이유는 무엇일까요? 지금까지 읽은 내용과 연관지어 설명하세요.

5. 그래프의 오류에는 어떤 것이 있나요? 그래프에 속지 않는 방법에는 무엇이 있을까요?

6. '작은 숫자를 생략하여 사기 치는 법'을 읽고 문제를 만들어 봅시다. (독서퀴즈대회에서 활용되는 문제를 만든사람에게는 소정의 선물을 드립니다.)-조원 각 1문제씩

학습지 6번에서 학생들이 만든 문제 중 좋은 문제를 뽑아서 서답형 문제로 예선을 치르고 반에서 좋은 성적의 학생을 뽑아 서술형 문제를 만들어 본선을 치러 순위와 시상자를 뽑았다. 대회에 자신이 만든 문제들이 나오니까 학생들이 더 흥미로워했고 자랑스러워하기도 했다. 교사로서 보람 있는 활동이었다.

통계 관련 체험활동

통계와 스포츠를 접목하여 야구 관람하는 체험활동이었다. 인천의 SK와이번스(현 SSG 랜더스)에서 진로활동으로 야구 경기 알기, 야구와 확률을 주제로 강의를 들었고 구단 식당에서 점심을 먹고 야구 관람하는 프로그램이었다. 《수학을 품은 야구공》의 저자인 인항고 홍석만 선생님께서 당시 SK와이번스에 제안하여 만든 프로그램 같았다.

원래 계획한 날 오후부터 비가 많이 와 경기가 취소되어 단장님과 치어리더들과 함께 게임하고 푸짐한 선물을 준비해서 대회 대신 즐거운 시간을 보냈다. 경기를 못 본 아쉬움에 한번 더 계획하여 SK와 LG의 경기를 관람했다. 야구관람은 경기보다 응원이 더 재미있다고 하는데 응원석은 역시나였고 또 응원하는 SK가 이겨서 더할 나위 없었다.

국어-수학(통계) 융합수업

3학년 국어 시간에 '광고 만들기' 단원과 수학의 통계 융합이었다. 국어 선생님과 융합하여 통계 활용 '광고 영상 찍기' 수행평가를 한 것이

다. 수행평가에 통계를 활용하기 위해서 수학 시간에 'KOSIS(KOrean Statistical Information Service 국가통계포털)'를 소개했다. KOSIS는 통계청이 제공하는 원스톱 통계 서비스다.

먼저 필요로 하는 통계를 찾는 방법을 소개하고, 홈페이지를 방문하여 쉽게 보는 통계-통계시각화콘텐츠에서 즐길 수 있는 해·석·남·녀, 통계로 보는 자화상을 경험하며 사람들 속의 나를 관찰했고, 흥미있는 통계 웹툰을 읽고 느낀점 적기를 했다.

다음 국어 시간에는 광고를 찍을 주제를 정하고 영상에서 필요한 통계 내용을 KOSIS에서 찾는다. 영상을 편집할 때 넣어서 결과물로 제출하는 것이었다. 제출한 결과물 중에는 청소년 흡연, 음주, 학교폭력 등을 주제로 해마다 늘어나는 추세를 통계 내용으로 첨부해 청소년들에게 이런 것들을 멈춰야 한다고 시각적으로 보여주었다. 《새빨간 거짓말, 통계》에서 저자가 말한 것처럼 다른 사람을 설득하기 위해서는 통계가 효과적이라는 것을 학생들이 몸소 느낀 영상이었다. 그리고 필요 없이 통계를 자신의 이익을 위해서 사용하는 것에 현혹되지 않겠다는 결심도 했다. 학생들이 현명한 사람으로 성장하기 위한 배움이 있는 수업이었다.

온라인 모둠 수업하기

2020년 2월, 입학과 개학을 준비하고 새로운 업무를 알아가며 3월을 준비했다. 그런데 3월 2일에 등교를 할 수 없었다. 코로나19로 등교일이 미뤄졌다. '앗! 수업은 어떻게 하지?' 고입을 앞둔 중학교 3학년 수학 수업을 맡게 되었는데 수업을 못 하는 상황, 다시 말해 진도를 나가지 못하는 것이 가장 큰 심적 부담이었다. 1학년 때부터 나와 수학 시간을 함께 보낸 아이들이 고입을 앞둔 이 시점에 이게 무슨 일인가.

'거꾸로 수업'을 해보았던 터라 수업 영상을 찍는 것이 낯설지는 않았지만, 모둠수업을 기본으로 학생 스스로 수학 개념과 원리를 알아가는 수업을 어떻게 온라인으로 진행해야 할지 막막하기만 했다. 그동안 내 수업은 아이들이 만들어가도록 구성해왔는데, 수업 영상을 찍어서 강의 영상만 보게 하면 강의식 수업하고 뭐가 다르지?

1학년 때부터 '수학 대안교과서'를 활용하여 수업을 하던 아이들이기에 3학년에서 교과를 함께 가르쳐야 하는 선생님도 수학 대안교과서를 사용할 의사가 있는 선생님이 함께 하길 희망했고, 수업에 대한 도움을 주기로 했다. 그런데 코로나19로 나도 경험하지 못한 대안교과서 활용 수학 수업을 구성해야 했다. 온라인으로 대안교과서를 활용하여 수업하는 건 처음인데 내가 잘 이끌어나갈 수 있을까? 고민도 잠시 밤낮없이 온라인 플랫폼 연구부터 영상 편집 툴 사용법까지 정신없이 수업에 도움이 될 것이라 생각되는 건 배우고 익혀야 했다.

수업은 온·오프라인 구분 없이 공통으로 진행되어야 한다고 생각해서 온라인으로 교과서 및 일기 검사를 하고, 아이들이 올린 글에 댓글을 달며 피드백하는 것으로 구성했다. 하지만 이것만으로는 부족했다. 대안교과서를 활용한 수업을 구성한 이유는 아이들이 함께 소통하며 생각하는 힘을 길러주기 위해서인데…. 소통 부족과 피드백 문제를 어떻게 하면 좋을까 고민하던 차에 ZOOM을 알게 되고 쌍방향 수업을 구성하여 진행하게 되었다.

전체 학생을 대상으로 하기에는 학생들이 가지고 있는 온라인 수업 도구에 제약이 있어 자율적으로 쌍방향 모둠활동을 희망하는 학생을 모집했고 10개의 소그룹이 구성되었다. 이 학생들은 과제를 줌에서 쌍방향으로 수행하게 했고 녹화된 영상과 활동 소감을 받아 분석했다. 모둠으로 수업을 진행한 학생들의 만족도는 높았고, 1학기 수학 수업 소감을 학생들에게 받았을 때 모둠활동에 대한 아쉬움이 많아 2학기에는 본격적으로 줌을 활용한 수업을 진행했다.

"이번 3학년 1학기 수학 수업은 코로나19 사태에도 불구하고 온라인 수업에서 관련 수업영상을 보며 학습지를 풀어서 수업 내용을 이해하는 데 문제가 없었다. 그리고 오프라인 수업 때에도 선생님께서 설명을 잘 해주시는 덕분에 학습지 해결이 수월했다."

"수학 수업 시간이 아쉬운 것은 없었는데 코로나 때문에 모둠활동을 하지 못한 것이 제일 아쉽다."

"모둠활동을 하면 재미있을 것 같은데 코로나 때문에 사실상 불가능하니 2학기 때 코로나가 좀 좋아지면 모둠활동도 해보고 싶다."

"시국이 시국인지라 모둠수업이 없다는 게 아쉬웠다. 수학은 친구들끼리 서로 의견을 주고받으며 할 때가 제일 재미있기 때문이다."

다음은 중학교 3학년 원격+등교 블렌디드 수업 운영 및 디자인 예시다.

2학기 실시간 온라인 수업 운영

1. **위두랑을 플랫폼으로 수업 진행**(수업 영상은 위두랑 과제방에 따로 제시됨)
2. 수업시간 → 쌍방향 온라인 수업 시 줌(ZOOM)을 도구로 출석체크함
   (줌 수업에 대한 안내는 위두랑 소식란과, 담임교사를 통한 단톡방 이용)
3. 수업시간에 줌(ZOOM)에 학생이 접속하면 **모둠활동 주제 공유**
4. **소그룹으로 모둠을 편성**(4~5그룹으로 편성함)하여 10~15분 동안 실시
   (발표 내용을 각자 또는 함께 화이트보드(주석) 또는 비캔버스에 작성함)
5. 주어진 시간이 끝나면 소그룹 종료 후 모둠에서 발표함
6. 발표 내용을 보며 재질문 및 정리함
7. 과제방에 오늘 학습한 부분을 사진 찍어 제출기간까지 올리고 수학 일기를 씀

학년(군)/학기	3학년 / 2학기	교과	수학
성취기준	[9수03-03] 원과 현에 관한 성질과 접선에 관한 성질을 이해한다.		
성취기준 재구성	직접 도형을 그리는 활동을 통해 원과 현에 관한 성질과 접선에 관한 성질을 이해하고 설명할 수 있으며, 실생활 속 문제를 해결할 수 있다.		
수업유형	원격수업 + 등교수업		
교과 역량	♠ 문제해결 ♠ 창의 · 융합 ♠ 태도 및 실천 ♠ 의사소통		

차시/수업유형	교수 · 학습 활동	평가 및 피드백 계획
1~2/5차시 **원격수업** (실시간 쌍방향+ 비캔버스+ 지오지브라)	원격수업(주당 3시간)은 위두랑 사이트 본인 반 수학 클래스에 접속하여 실시간 수업을 진행하며, 매 시간(45분) 원격수업의 흐름은 다음과 같다. • ZOOM에 접속하여 실시간 출석체크(5분) • 비캔버스에 접속하여 교사와 함께 그전 학습에 대한 피드백 및 오늘 학습할 내용에 대해 간단하게 학습(15분) • ZOOM 소그룹 활동 – 비캔버스에 주어진 과제를 소그룹 모둠활동으로 함께 해결(12분) • 모둠활동 과제에 대해 토의한 것을 발표(8~10분) • 질의 및 피드백, 정리(3분~5분) 본 원과 직선 단원의 차시별 수업주제는 다음과 같다. • 1차시: 원과 관련된 내용복습(ZOOM+비캔버스+지오지브라) • 2차시: 원의 중심과 현의 수직이등분선 (ZOOM+비캔버스+지오지브라)	• 수업 중에 줌을 활용하여 음성과 비캔버스 활동한 내용을 통해 상호 의사소통하며 수업을 진행함. • 비캔버스 모둠별 과제를 발표하고 이해가 잘 되지 않는 부분들은 질문하게 함. • 위두랑 과제방에 올라온 학습과제를 보고 잘못 이해하고 있는 부분은 다음 시간에 전체 피드백함.
3~5/5차시 **등교수업** (활동수업+ 과정중심평가)	등교수업(주당 3시간)은 활동수업과 과정중심평가를 실시한다. • 3차시: 현의 길이 – 스트링아트를 그리게 하고 이를 통해 현의 길이를 관찰하는 활동을 함. – 모둠수업을 실시하고 서로 토의하며 문제를 해결할 수 있도록 했으며, 지오지브라를 활용하여 직관적으로 내용을 이해하도록 함. • 4차시: 삼각형의 외심과 내심의 연결(원의 접선) – 모둠수업을 실시하고, 지오지브라로 수막새를 복원하는 활동을 실시함. • 5차시: 앞에서 배운 내용을 이해했는지 모둠활동을 통해 과제를 해결하도록 하고 발표함.	• 과제를 해결하게 하고, 크롬북+지오지브라를 활용하여 과제를 제대로 해결했는지 직접 그려보게 하여 직관적으로 내용을 이해하도록 활동함. • 과제방에 제출한 과제를 통해 그날 배운 내용을 잘 이해했는지 확인하고 부족한 부분은 다음 수업시간에 피드백함.

2학기 수업을 마치고 1학기와 마찬가지로 아이들에게 줌을 활용한 실시간 쌍방향 수업에 대해 소감을 받아보았다.

"수학 시간에 화상회의 어플인 ZOOM을 통하여 쌍방향 수업을 진행했다. 출석체크 문제를 혼자 푸는 것이 아니라 선생님께서 같이 진행해주셔서 비록 화면으로 보는 것이지만 수업 느낌이 더 생생하게 났다. 그리고 새로운 단원은 직접 그려보고 함께 의견을 나누고, 결과를 구하는 것이 많이 필요한 만큼 이렇게 쌍방향 수업으로 진행되는 것이 좀 더 좋다고 생각했다."

"줌으로 온라인 수업을 했다. 또 캔버스 앱을 이용해서 모둠끼리 그리면서 의견을 나누니 훨씬 보기도 편하고 참여도도 높았다. 수업도 재미있게 할 수 있었다. (중략)"

"줌이라는 어플로 선생님과 함께 문제를 풀 수 있어서 더욱 이해가 잘되고 모둠끼리 토의도 해보니 훨씬 좋았다. 너무 재밌었다. 다음에도 줌 수업으로 하면 좋겠다."

온라인에서 줌을 활용한 소그룹 활동 수업은 나와 학생들의 모둠 활동에 대한 아쉬움을 해결하기에 충분했고, 다양한 매체 및 온라인 도구 사용으로 학생들에게 수학 수업에 대한 흥미를 높일 수 있었다.

온-오프라인
연계수업

해(解)에게서 소년에게

해가 났지만 한파주의보가 내릴 정도로 추운 날이었다. 교육과정 함께 만들기와 인사자문위원회 등으로 분주하던 오후에 전화 한 통을 받았다. '수포자', '학력 격차' 등으로 수학 선생님들에게 원격수업은 누구보다 부담이 되는데, 올해도 원격수업을 하게 될 수학 선생님들께 도움이 될 만한 글을 부탁한다는 내용이었다.

무슨 생각에서였을까? 아니면 아무 생각이 없었던 것일까? 일단은 알겠다고 대답했다.

전화를 끊고 회의에 참석하려고 돌아서는데 현타가 왔다. 현재 교육과 관련한 복잡한 방정식을 풀고 해解를 구하라는 어려운 문제로… 이 문제 해가 있을까? 잘 모르겠다. 갑자기 어디선가 파도 소리가 들려왔다.

"-, 텨-ㄹ썩, 텨-ㄹ썩, 텨-ㄹ썩, 쏴아 / 따린다, 부슨다, 문허바린다 / 태산泰山 갓흔 놉흔 뫼, 집채 갓흔 바윗돌이나 / 요것이 무어야, 요게

무어야 / 나의 큰 힘 아니냐, 모르느냐, 호통까지 하면서 / 따린다, 부
슨다, 문허 바린다 / 텨-ㄹ썩 텨-ㄹ 썩 텩, 튜르릉 콱"

서 있는 곳이 바뀌면 풍경이 바뀐다

코로나19 바이러스는 쓰나미와 같이 학교 현장을 송두리째 흔들고,
교사들을 온라인 교단이라는 낯선 땅에 맨몸으로 서게 했다. 처음 경
험하는 달라진 수업 풍경은 생경하여 두렵기까지 했다. 온라인 교단에
서 우리는 모두 신규교사였고, 때로는 천둥벌거숭이 소년이었다. 하지
만 지난 1년간 우리 교사들은 온라인이라는 불모지에서 교실을 짓고,
교실 문을 열었으며, 수많은 시행착오를 거치면서 집단지성을 발휘하
여 함께 연구하고, 수업에 하나둘씩 적용해보면서 '원격수업'과 '등교수
업'이라는 두 집 살림을 해냈다. 토닥토닥! 먼저 수고한 모든 선생님들
께 위로와 격려를 보낸다. 그럼 이제 좌충우돌, 2020년 나의 원격수업
을 돌아보기로 한다.

나는 평소 수업에서 학생과의 상호작용을 통한 소통을 중요하게 생
각한다. 수업에서 상호작용을 통한 소통은 학생에게 안정감과 소속감
을 주고, 이런 안정감과 소속감이 형성된 교실에서 학생들은 배움을
위한 마음의 문을 활짝 열고 배움으로 나아가게 된다고 믿기 때문이
다. 따라서 온라인 수업에서도 나의 가장 큰 고민은 바로 '어떻게 학생
들과 쌍방향 상호작용 수업을 할 수 있을까?'였다. 여기서 쌍방향 상호
작용 수업이란 실시간 화상수업만을 의미하는 것이 아니라 원격 수업
시간 중에 교사와 학생 간 소통, 피드백 등 학생의 수업 참여가 이루어

지는 수업을 의미한다.

 하지만 작년 4월 9일 온라인 수업을 시작할 때만 하더라도 근시안적으로 온라인 수업을 잠깐만 하다 말 것으로 생각했고, 준비가 안 된 상태로 어떻게든 수업을 시작하는 게 우선이었기에 '수월성'을 조금 더 중요하게 여겼다. 그래서 우리 학교에서 선택한 EBS온라인클래스를 활용하여 콘텐츠와 과제중심 원격수업을 실시하게 되었다. 이 방법은 원격수업을 위해 새로운 장비를 구입하거나 교실에 인터넷 환경을 구축하지 않고, EBS영상 콘텐츠와 수업 PPT에 교사가 목소리를 녹음하는 것으로 진행할 수 있어서 실시간 화상수업보다 상대적으로 학교와 교사에게 부담이 덜 되었다고 생각한다.

 그러나 예상과 달리 원격수업이 장기화함에 따라 쌍방향 상호작용 효율을 높이기 위한 방법을 추가로 모색하게 되었고, 2학기부터는 원격수업 시 채팅 프로그램인 디스코드를 활용한 실시간 쌍방향 화상수업으로 학생들과 의사소통 및 상호작용을 제고했다. 예를 들면, 교육과정 재구성을 통하여 1~4차시 수업은 원격수업으로 실시간 콘텐츠 활용과 쌍방향 수업을 하고, 5~8차시 수업은 등교수업으로 체험 및 발표 등 활동중심수업과 과정중심평가를 실시한 후 교사 피드백을 하는 것이다.

 다음은 중학교 1학년 원격+등교 온·오프라인 연계 수업 디자인 예시다.

학년(군)/학기	1학년 / 2학기	교과	수학
성취기준	[9수03-03] 정비례, 반비례 관계를 이해하고, 그 관계를 표, 식, 그래프로 나타낼 수 있다.		
수업유형	원격수업 + 등교수업		
교과 역량	♣ 문제해결 ♣ 창의·융합 ♣ 태도 및 실천 ♣ 의사소통		

차시/수업유형	교수·학습 활동	평가 및 피드백 계획
1~4/8차시 **원격수업** (콘텐츠활용+ 실시간쌍방향)	원격수업(주당 4시간)은 EBS온라인클래스 본인 반 해당 클래스에 접속하여 당일 수업 시간표대로 실시간 수업을 이수하며, 매 시간(45분) 원격수업의 흐름은 다음과 같다. • 디스코드로 실시간 출석체크(5분) • EBS온라인클래스에서 영상 콘텐츠 학습(20분) • 디스코드로 실시간 쌍방향 수업(15분) • 과제 확인 및 피드백(5분) 본 정비례와 반비례 단원의 차시별 수업주제는 다음과 같다. • 1차시: 정비례1(영상콘텐츠학습+문제풀이 실시간 쌍방향) • 2차시: 정비례2(영상콘텐츠학습+문제풀이 실시간 쌍방향) • 3차시: 반비례1(영상콘텐츠학습+문제풀이 실시간 쌍방향) • 4차시: 반비례2(영상콘텐츠학습+문제풀이 실시간 쌍방향)	• 수업 중에는 디스코드의 채팅채널과 음성채널을 이용하여 실시간으로 질문에 답해준다. • 수업 후에는 카카오톡 채널 등으로 학생들이 질문 한 경우 피드백을 해준다.
5~8/8차시 **등교수업** (활동중심수업 +과정중심평가)	등교수업(주당 4시간)은 활동중심수업과 과정중심평가를 실시한다. • 5차시: 그래프와 비례, 도미노게임으로 놀며 배우자! • 6차시: 정비례, 반비례 그래프로 그림그리기 정비례, 반비례 그래프를 각각 2개 이상 사용하여 디자인하기 • 7차시: 그래프로 그림그리기 발표 평가 및 피드백 • 8차시: 단원 형성평가 및 정리	• 활동지 결과를 바탕으로 학생들의 성취 수준에 해당하는 수준별 피드백을 제공한다. • 학생이 제출한 과제를 보고 필요한 경우 개인별 피드백을 실시한다.

블렌디드 수업, 불편한 동거에서 행복한 만남으로

블렌디드Blended 수업이란 두 가지 이상의 학습 방법을 결합한 것으로 일반적으로 원격수업과 등교수업이 혼합된 수업 형태를 말한다. 2020학년도에 코로나19로 원격수업이라는 '먼저 찾아온 미래'와 함께 시작하게 되었고, 학교는 학생들의 안전과 건강을 최우선으로 하며, 원격수업과 등교수업을 병행하는 불편한 동거를 시작하게 되었다.

돌이켜보면 예전부터 사회가 변하고, 시대가 변함에 따라 교육 트렌드도 자연스럽게 바뀌었다. 다만 코로나19로 그 속도가 빨라졌을 뿐이다. 그러나 아무리 시대가 변해도 변하지 않는 것이 있다. 교육도 마찬가지다. 시대가 변해도 변하지 않는 것은 교육의 본질이고 변해야 하는 것은 교육의 형식이다.

언뜻 생각하면 원격수업과 등교수업은 온·오프라인이라는 서로 다른 물리적인 환경만큼이나 추구하는 방향이 다르게 보인다. 그러나 전달하고자 하는 본질은 같다고 생각한다. 바로 배움이 일어나는 수업을 통하여 '학생들이 스스로 삶의 의미와 방향을 찾고 배움과 삶을 일치시킬 수 있도록 돕고자 한다'는 것이다. 따라서 교사는 등교수업과 마찬가지로 원격수업에서도 미래핵심역량 중심으로 교육과정을 재구성하고 수업을 통하여 학생들의 삶 속에서 교육이 살아 있게 만들도록 노력해야 하며, 자신을 궁금해하며, 타인과 연결되고 싶어 하고, 세상에 기여하는 좋은 사람이고 싶어 하는 아이들의 고민과 질문에 능동적이고 다각적인 피드백으로 도움을 주어야 한다.

애플의 교육 담당 부사장이었던 존 카우치는 "디지털 네이티브 세대에게 디지털은 더 이상 도구가 아니라 환경이다. 이들의 요구에 부응하는 새로운 교육 시스템을 설계, 발전시켜야 한다"라고 말했다. 이제 우리는 원격수업을 수업 방법 가운데 하나로 보는 시각에서 벗어나 학습 공간이 확장된 것으로 보고, 블렌디드 수업이 불편한 동거가 아닌 온·오프라인 수업의 장점을 살려 수업의 질을 높일 수 있는 행복한 만남이 될 수 있도록 노력해야 한다.

에필로그

문제를 받았으니 수학 교사로서 오래된 습관처럼 일단 풀기 시작한다. 제목부터 정해야 하는데… 머릿 속이 텅 빈 백지처럼 하얗다. 아, 여행이나 갔으면… 바다 보고 싶다. 바다? 해에게서 소년에게… 이거 좀 괜찮은 듯. 그런데 해에게서 소년에게는 어떤 시더라. 인터넷 녹색 창의 도움을 받기로 한다.

해에게서 소년에게	⌨ ▾	🔍

"해에게서 소년에게는 1908년에 창간된 소년의 권두시로 발표된 최남선의 시 작품으로 신시新詩 혹은 신체시新體詩 등의 명칭으로 불리기도 하며, 1연을 제외하고는 모두 의인화된 바다가 화자로 등장하여 새로운 시대의 주역이 될 소년들에게 부정적인 현실을 극복하고 새로운 미래를 끌고 나가줄 것을 기대하는 내용으로 되어 있다."

부정적인 현실을 극복하고 미래를 끌고 나갈 줄 것을 기대하는 내이라니… 난감하네. 하지만 나는 시인이 아니다. 나는 수학 교사이다. 수학에서 해(解, solution)는 주어진 방정식이 참이 되게 하는 미지수의 값을 의미한다. 방정식의 해는 항상 존재하는 것은 아니며, 또 수없이 많이 존재하는 경우도 있다는 것이 생각났다. 해解에게서 소년에게로 고쳐 써보았다. 정답은 모르지만 왠지 안심이 되었다.

※ 위 글은 강원도 선생님들의 수업에 대한 고민, 학급 운영에 대한 고민, 아이들에 대한 고민 등 학교에 대한 다양한 고민과 실천사례를 공유하는 온라인 공간인 강원도교육청 쌤통 블로그에 탑재하기 위해 작성된 글입니다.

해(解)에게서 소년에게 : 네이버 블로그(naver.com)

생각하고 발견하는 기쁨을 가르치고 싶다

수업의 방향을 바꿔보다

수학 수업에서 발문은 중요하다. 나는 수업 시간에 아이들이 조금이라도 수학적 사고가 가능하도록 발문하려고 노력해왔다. 지금 배우는 개념이 우리의 삶에 어떻게 연관되는지 생각해볼 수 있게 질문하고 개념과 개념 사이의 연관성을 생각해보게 했다. 이런 시도가 아이들에게도 궁금증을 갖게 하고 잠시나마 생각해보게 하는 기회를 제공했다고 생각한다.

중학교 1학년 유리수의 사칙연산을 배우던 시간이었다. 사칙연산의 순서를 이야기하고, 순서에 따라 계산해야 한다고 즉, 정해진 약속에 따라 계산해야 한다고 강조하는데 한 학생이 질문을 했다.

"선생님, 왜 그렇게 순서가 정해진 거죠?"

순간 머리가 멍해졌다. 그동안 수업을 하면서도 생각해보지 않았고 그런 질문을 나에게 던져보지도 못했다. 우선 학생에게는 다음 시간에 답변해주겠다고 하고 자료를 찾아서 답변을 해주었다. 아직도 나에게 여운이 남는 질문이다. 그 학생의 궁금증으로 나를 다시 돌아보게 되었다. 수학 수업에는 좋은 발문으로 수학적 사고를 이끌어낼 수 있다는 것을 깨닫고, 좋은 발문을 더 찾으려고 애쓰고 발문으로 아이들이 수학개념을 이해할 수 있는 수업을 고민하게 되었다.

수학의 발견을 만나다

연구회에서 활동하는 선생님에게서 처음으로 《수학의 발견》이라는 대안교과서 이야기를 듣게 되었다. 기존의 교과서와는 다르게 구성되어 있어 아이들이 생각하면서 학습할 수 있다는 이야기에 끌리어 무조건 책을 구입했다. 당시 중학교 1학년을 가르치고 있던 나는 다음에 배울 방정식 단원부터 무작정 《수학의 발견》을 수업에서 사용해보기로 했다.

방정식 단원에서 방정식의 뜻을 먼저 알려주지 않고 미지수도 모른 채 벽돌 개수를 맞히는 문제를 풀어내는 과정에서 일반화시켜 식을 세워보고, 식에 필요한 미지수를 도입하며 미지수가 쓰이는 식을 실제 만들면서 방정식을 알아가게 방법이 너무 신선하고 좋았다. 기존의 교과서는 어떤 개념을 배울 때, 개념을 먼저 알려주고 그 개념을 이해하기 위한 내용을 설명하고 관련 문제를 풀어보는 방식인데,《수학의 발견》에서는 주어진 미션(과제)을 해결하기 위해 생각의 흐름을 따라가

다 보면 결국 개념을 알아가게 해주는 방식이 너무 자연스러웠다. 마치 예전에 수학자들이 새로운 개념을 발견한 과정을 차근차근 따라가 보는 듯한 내용 구성이 너무 맘에 들었다.

아이들이 발견하는 수학 이야기 1-도형의 관찰

학생들에게 도형 부분을 가르칠 때 중요하게 생각하는 부분이 있다.

'이 도형이 우리 주변에서 어떻게 쓰일까?'

'왜 그 모양을 사용할까?'

1학년 수학에서 평면도형과 입체도형 단원의 학습 내용을 배우기 전에 꼭 학생들에게 발문하고 질문에 대한 답을 찾아보는 시간을 가진다.

다음은 중학교 1학년 평면도형 수업의 도입 부분에서 학생들에서 도형의 쓰임에 대해 생각해보게 하기 위해 발문하고 그에 대한 답을 모둠활동을 통해 찾아본 수업의 한 장면이다.

♣ **교사:** 우리가 알고 있는 도형들이 실제 생활에서 어떻게 사용되고 있을까요? 그리고 왜 그 모양을 사용하는지 모둠별로 하나의 도형을 정해서 이야기를 나눠봅시다.

♣ **모둠 1:** 오두막 집은 오각형 모양을 하고 있어요. 왜냐하면 눈과 비가 잘 떨어지게 하기 위해서죠.

♣ **모둠 2:** 치마의 윗부분은 좁게 하여 안 내려가게 하고 치마의 아랫부분은 넓게 하여 움직이기 편하도록 사다리꼴 모양을 하고 있어요.

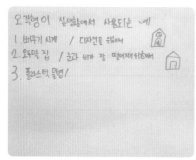
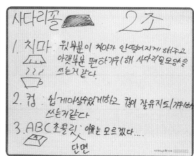

아이들이 발견하는 수학 이야기 2-유리수 덧셈의 원리

중학교 1학년 수학을 가르치면서 학생들을 이해시키기 힘든 내용 중 하나가 유리수의 덧셈이다. 음수를 처음 접하는 학생들이 양수와 음수를 더하는 것에 혼란을 겪는다. 그래서 유리수의 덧셈을 가르칠 때 셈돌이나 수직선 등의 구체물을 이용하여 덧셈의 원리를 이해하게 한다.

《수학의 발견》에서는 자연스럽게 덧셈의 원리를 이해할 수 있는 내용으로 구성되어 있어 학생들에게 덧셈의 원리를 가르치는 데 도움을 많이 받았다.

주사위 게임을 통해 양수는 오른쪽으로 이동하고 음수는 왼쪽으로 이동해야 함을 이해하게 된다. 그리고 수직선 활동으로 확장하여 정수의 덧셈을 해보게 한다. 그리고 덧셈의 결과를 보며 학생들에게 더하는 과정을 생각해보게 한다. 움직이는 방향과 더하게 되는 수의 부호 등을 살펴보게 하고 더하는 과정에서 어떤 결과를 얻을 수 있는지 충분하게 고민해볼 수 있도록 발문한다.

그리고 나서 덧셈 부호의 역할을 모둠원끼리 생각해보게 한 후 덧셈의 원리가 무엇인지 서로 의견을 나눠보게 한다.

다음은 학생들이 토의한 결과들이다.

2) 수직선에서 오른쪽으로 가게 한다.

3) 부호는 절댓값이 더 큰쪽으로 정하고 부호가 다르면 절댓값의 차, 부호가 같으면 절댓값에 합을 쓴다.

① + 앞에 있는 수에서 + 뒤에 있는 수만큼 이동하라는 뜻으로 이동도우미와 같다.

② 부호가 다르면 더 큰수에서 작은수를 빼서 더 큰수의 부호를 붙이고, 부호가 같으면 두수를 더하고 부호를 붙인다.

'덧셈 부호의 역할을 수직선에서 오른쪽으로 가게 한다'라는 대답을 한 모둠이 다수 있었다. 수직선에서 수를 더할 때 분명 (−3)+(−2)와 (+3)+(−4)에서 관찰했듯이 왼쪽으로 이동하는 상황을 관찰했음에도 아직 더하는 과정은 수가 커진다는 개념으로 받아들여서 수직선에서 오른쪽 방향으로 이동한다는 생각을 갖고 있는 것이다.

그러나 재미있는 것은 덧셈의 역할에 대해서는 오류를 범했던 모둠에서도 덧셈의 원리에 대해서는 대부분의 모둠이 그 원리를 잘 적어냈다. 이는 선행학습으로 덧셈의 원리를 이미 학습한 학생들이 있었기 때문이다.

모둠의 결과를 모두 살펴본 후, 덧셈의 역할과 덧셈의 원리를 정리하는 과정에서 선행학습한 학생들에게서 감탄사 "아하~"가 터져나온다. 덧셈의 원리를 이제서야 이해한 것이다.

시행착오

이런 수업 전개방법이 수학 개념을 많이 알고 있는 나에게는 자연스러울 수 있으나, 학생들은 많이 혼란스러워했다. 지금 무얼 하고 있는 건가? 자신이 무얼 배우고 있는지 확인해가며 학습을 하던 아이들에게는 도착점이 보이지 않는 상황에서 자신이 하고 있는 것이 무엇이며 왜 이걸 하고 있는지 고민하는 모습이 보였다.

그럼에도 계속 수업을 하다 보면 수학학습 능력이 뛰어난 학생뿐 아니라 조금 부족한 학생들도 스스로 생각을 하고, 자신의 의견을 설명하는 과정에서 학습 능력이 뛰어난 학생이 모두 정답을 이야기 하는 것이 아니고 부족한 학생이 항상 잘못된 답을 고르는 것이 아니라는 것을 자연스럽게 느끼게 된다. 그리고 학생들에게 정답을 여러 가지 방법으로 표현할 수 있다는 것을 알려줄 수 있었다.

《수학의 발견》으로 수업을 하고 싶다면 우선 학생들과 학부모님께 대안교과서를 선택한 이유를 충분히 설명하고 학생들이 수업시간에 하는 과정들을 받아들일 수 있도록 해야 한다. 이 교과서를 왜 사용해야 하는지 이해하지 못하면 아이들은 제대로 수업에 참여할 수 없게 되어 수업 진행에 문제가 생길 수 있다. 수학학습 능력이 뛰어난 학생들에게는 대안교과서를 배움으로써 얻을 수 있는 것들이 얼마나 가치 있는 것인지 인식할 수 있게 하고, 학습 능력이 부족한 학생들은 수학시간에 무언가를 할 수 있고 그것이 정답이 아니어도 됨을 계속 강조해서 알려주어야 한다.

수학교과서와 대안교과서의 공존

《수학의 발견》으로 가르치면서 '평가'에 대한 고민을 하게 된다. 지금까지 나는 아이들의 생각을 읽어낼 수 있도록 평가하기보다는 그동안 교과서에서 배운 개념을 알고 활용할 수 있는지 확인하는 문제를 풀어보게 한 후, 이 문제들을 수학적으로 바르게 풀이하는지 확인하는 과정으로 평가를 했다. 하지만 대안교과서는 개념과 원리를 발견해내는 과정을 중요하게 여기며 그 과정이 교과서의 대부분을 차지하고 있어, 수업 중에 알게 된 개념과 원리를 적용한 문제풀이를 해볼 시간을 많이 주지 못한다. 그래서 사실 대안교과서를 활용해서 평가를 진행할 때는 대안교과서에서 배운 내용을 가지고 평가를 하는 것이 맞지만 성격이 다른 두 교과서에서 합의점을 찾아 평가를 해야 하는 어려움이 있다. 문제풀이뿐만 아니라 개념의 원리를 이해하는 사고과정에 대한 평가방법을 찾는 것이 요즘 나의 큰 과제다. 더구나 동 학년 수학 교사들과 공동으로 대안교과서를 가르치지 못할 때는 더욱 더 고민이 깊어진다.

나는 수학을 배운다는 것은 '수학적 사고를 할 수 있게 하는 것'이라고 생각한다. 이런 면에서 학생들에게 수학적 사고를 할 수 있도록 고안된 《수학의 발견》은 기존 교과서의 대안이 될 수 있다. 따라서 대안교과서와 기존 교과서가 공존하는 법을 찾아가는 것이 최선이라고 생각한다. 우리 아이들이 진정으로 수학을 느끼고 몸에 익힐 수 있도록 말이다.

소수를 찾아서
나를 찾아서

수업 디자인 이야기

소수$^{prime number}$는 1보다 큰 자연수 중에서 1과 자기 자신만을 약수로 가지는 수다. 중학교 1학년 수학 수업 시간에 소수를 알면 공약수와 공배수를 구하는 것뿐만 아니라 곱셈과 나눗셈에서 약분과 통분을 할 때도 매우 유용하다. 예를 들면 $\frac{4}{47}$를 약분해보라고 할 때, 47이 소수라는 것을 알면 약분되지 않는다고 금방 생각할 수 있기 때문이다. 그렇다면 교과서 속 문제해결에 중요한 역할을 하는 소수의 쓰임을 넘어 일상생활에서 수학을 발견하고 탐구하는 태도 및 실천 역량을 길러주려면 어떻게 해야 할까? 이러한 질문을 가지고 '소수를 찾아서 나를 찾아서' 수업을 구안하게 되었다. 수업을 위해 먼저 학습주제 단위로 단원을 재구성했다.

❖ 소인수분해 단원 학습주제 단위 재구성

단원명	수와 연산 1. 소인수분해		수업모형	모둠학습
교육과정 성취기준	[9수01-01] 소인수분해의 뜻을 알고 자연수를 소인수분해 할 수 있다. [9수01-02] 최대공약수와 최소공배수의 성질을 이해하고, 이를 구할 수 있다.			

	차시	내용 및 주제	교수 학습활동	평가
수 업 · 평 가	1	소수와 합성수 – 자연수를 소수와 합성수로 분류하기	개념원리 탐구	관찰평가 자기평가
	2	수의 다양한 표현 – 소인수분해 – 소인수분해와 약수		
	3	**소수를 찾아서** – 소수로 암호 만들기		
	4	**나를 찾아서** – 유니폼에 소수 등번호가 새겨진 책갈피 만들기	체험 · 실습	
	5	맛있는 거듭제곱 – 꿀타래 만들기		
	6	나눔 속의 수 – 소인수분해와 최대공약수	개념원리 탐구	
	7	함께 만나는 수 – 소인수분해와 최소공배수		
	8	단원 형성평가 과제수행(수의 기원 영상 보고서)	과제수행	형성평가 수행평가

수업 이야기 1

소수를 찾아서[4]

　우리가 인터넷 쇼핑을 한 후 걱정 없이 카드 결제를 할 수 있는 것은 입력한 카드 번호와 개인정보가 암호화를 거쳐 보내지기 때문이라는 것은 상식이다. 하지만 개인정보를 보호하기 위해 이처럼 중요한 암호에 소수[prime number]가 사용되고 있음을 알고 있는 사람은 많지 않다. '소수를 찾아서' 수업은 이렇게 암호에 소수가 사용된다는 것에 착안하여 사람들이 암호를 만들기 위해 더 큰 소수를 찾으려고 하는 이유를 탐구하는 활동으로 시작한다. 즉, 아래와 같이 간단한 문제를 해결해보게 함으로써 두 소수를 곱하는 것은 어렵지 않지만, 큰 정수를 두 소수의 곱으로 소인수분해하는 것은 어렵다는 것을 직관적으로 알 수 있도록 한다.

> **문제 1.** 83과 97은 모두 소수다. 이 두 수의 곱을 구해보자.
>
> **문제 2.** 703은 두 소수의 곱으로 나타낼 수 있는 합성수다. 703을 소인수분해 해보자.
>
> **문제 3.** 위의 문제 1과 문제 2 중에서 어느 것이 더 쉬운지 생각하고 그 이유를 써보자.
>
> **문제 4.** 암호를 만드는 방식을 공개해도 숨겨진 의미를 찾아내기 어려운 암호체계를 '공개키 암호체계'라고 하는데, 대표적인 것이 RSA 암호이다. RSA 암호의 아이디어는 중요 정보를 두 개의 소수로 표현한 후, 두 소수의 곱을 힌트와 함께 전송해 암호로 사용하는 것이다. 위의 결과를 바탕으로 사람들이 암호를 만들기 위해 큰 소수를 찾는 이유는 무엇인지 생각해보고 그렇게 생각한 이유를 써보자.

---

4. 참고자료 : 강원도교육연수원 원격 직무연수 '생각과 재미가 빵 터지는 웃어라 수학' 1차시

여기서 이해를 돕기 위해 RSA 암호[5]와 소수에 대해 간단히 부연 설명을 하면 다음과 같다. 현대암호이론에서 암호는 소수를 이용한 공개키Public Key 암호 방식으로 만들어져왔다. 공개키 암호 방식 중에서 가장 유명한 것은 1977년에 개발된 RSA 암호다. RSA는 이를 처음으로 연구한 수학자 론 리베스트Ron Rivest, 아디 셰미르Adi Shamir, 레오나르드 아델만Leonard Adleman의 성을 본떠 만든 용어로 처음으로 상용화되었고, 지금도 널리 쓰이는 대표적인 공개키 암호 방식이다.

그렇다면 RSA 암호와 소수는 무슨 관계가 있을까? RSA 암호의 아이디어를 거칠게 설명하면 중요 정보를 두 개의 소수로 표현한 후, 두 소수의 곱을 힌트와 함께 전송해 암호로 사용하는 것으로 RSA의 안정성은 매우 큰 정수의 소인수분해가 어렵다는 점에 기반하고 있다. 예를 들면, 두 소수 2,357과 2,551의 곱이 6,012,707이라는 것은 계산이 복잡할 뿐 어렵지 않지만, 6,012,707을 2,357×2,551로 소인수분해하는 것은 매우 어렵다. 실제로 RSA 암호체계는 이보다 훨씬 복잡하고 정교하여 암호를 해독할 수 없도록 만들어져 있다고 한다.

그다음에는 모둠별로 암호 만들기 활동을 한다. 이때, 학생들이 과제에 조금 더 집중할 수 있도록 '학교 축제에서 수학 동아리반 학생들이 방탈출 게임 부스를 운영하기 위해 네 자릿수 자물쇠 암호를 만들기로 했다'는 식으로 현실과 연계된 설정으로 안내한다. 잠시 후 모둠별로 암호가 다 만들어지면 각 모둠에서 만든 힌트를 차례로 제시하

5. 출처 : [네이버 지식백과] RSA(수학백과, 대한수학회), RSA알고리즘(정보 보안 개론, 양대일)

여 다른 모둠에서 암호를 맞히는 모둠 대항 퀴즈대회를 한다. 점수는 힌트 1에서 정답을 맞힌 경우는 +100점, 오답인 경우 -50점으로 하고, 힌트 2에서 정답을 맞힌 경우는 +50점, 오답인 경우는 0점으로 하여 모둠 점수를 누적한다.

문제 1. 30에서 100 사이의 소수 중에서 소수 2개를 선택해서 곱해보자.

　　식 : ＿＿＿＿＿＿＿＿＿　　　답 : ＿＿＿＿＿＿＿＿＿

문제 2. 위 결과를 활용하여 암호를 만들어보자.

▶ 우리 모둠 암호는 ☐☐☐☐

힌트 1 :

힌트 2 :

[암호를 만드는 방법]

▶ 모둠에서 선택한 소수가 17과 89인 경우 우리 모둠 암호는 1789 이다.

☞ 우리 모둠 암호는 선택한 두 소수 중 작은 수를 앞에 큰 수를 뒤에 배치한다.

☞ 힌트 1은 1,513이다. 선택한 두 소수를 곱한 결과 즉, 17×89의 결과를 쓴다.

☞ 힌트 2는 '신입생의 나이'와 같이 두 소수 중 하나를 알아낼 수 있는 단서를 쓴다.

사실 이 수업은 처음에 암호문을 3개 만들도록 설계했다. 그런데 교실 수업에 적용하기 전에 오작교 연구회 선생님들과 수업나눔을 했을 때, 일반적으로 한 학급당 학생 수가 28명에서 30명에 이르기 때문에 4명씩 7모둠이 1차시 45분 수업에서 암호문을 3개 만들고 모둠 대항 퀴즈까지 진행하는 게 어려울 거라는 피드백을 받아 암호문을 2개 만드는 것으로 수정하게 되었다.

그리고 조금 다른 이야기인데 수업나눔에서 모둠 번호를 부여한 것이 매우 인상적이었다는 피드백을 받은 것도 기억이 난다. 나는 평소 모둠수업 시 모둠이 완성되면 모둠원에게 1, 2, 3, 4 번호를 부여하는 데 이는 능력이나 특정한 역할을 위해서가 아니라 모둠 내에서 활동 차례를 정해 자신의 발표 차례를 예측하고 사전에 준비하게 하여 수업 참여를 유도하고, 순서대로 발표함으로써 가능하면 골고루 학습 참여 기회를 주기 위해서다. 언제나 가르침은 배움을 위해 존재한다는 것을 잊지 않고 노력하는 교사이고 싶다.

수업 이야기 2

나를 찾아서[6]

수학이라는 말을 들으면 고개를 저으며 거부감을 드러내는 학생과 좋아서 눈을 반짝이는 학생의 차이는 무엇일까? 물론 수학에 대한 자신감, 성적 등 여러 요인이 있겠지만 나는 수학이 우리 생활과 관계가 있다는 사실을 실감하느냐 못 하느냐의 차이와 관련이 깊다고 생각한다. 이런 생각으로 교과서에서 배운 소수를 일상생활과 연결하는 수업으로 소수를 사용하여 유니폼 등번호를 정해서 쓰고 책갈피로 만드는 활동을 했다.

먼저, 수업은 JTBC 예능프로그램 〈트래블러〉 속 한 장면을 소개하면서 시작한다.

---

6. 참고자료 : 한국교육개발원(2016), 자유학기제 교과 연계 주제선택 활동 사례집 : 수학, 연구자료 CRM 2016-16-3

류준열과 이제훈은 까사 옥상에 올라 볕을 쬐며 좋아하는 숫자에 관하여 이야기했어. 류준열은 "나는 박지성 선수의 등번호인 13이 좋다. 축구팀에서 내 등번호도 13번이다"라고 말했어. 이제훈은 2를 좋아한다고 해. 이유는 모양이 예쁘기도 하고 1에 가까운 숫자이기 때문이라고 하면서 2도 높은 숫자지만 1을 향해 달려갈 수 있는 게 좋다고 말해. 류준열은 제훈의 철학적 시선에 감탄을 표해.

그다음, 운동선수들의 등번호 이야기를 한다. 박찬호 선수의 등번호는 61번, 안정환 선수의 등번호는 19번, 마이클 조던의 등번호는 23번이다.

세 선수의 종목은 다르지만, 이들의 공통점은 등번호가 모두 '소수'라는 거야. 소수는 물론 우리가 배운 것처럼 수학적으로는 '1보다 큰 자연수 중에서 1과 자기 자신만을 약수로 갖는 수'를 의미하는데, 영어로는 'prime number'라고 해. 여기서 'prime'은 '전성기', '가장 중요한', '뛰어난'이란 뜻을 가지고 있어. 그렇기 때문에 기록을 중요시하는 운동선수의 특성상 소수를 많이 사용하는 거야. 물론 등번호로 자기가 좋아하는 선수의 등번호를 따라 하는 경우, 자신이 좋아하는 수를 사용하는 경우도 있지만.

이제 스포츠 선수들이 자신의 등번호를 가지고 있듯이 우리도 자신의 이름과 등번호를 새겨 넣어보는 시간을 갖자고 하면서 활동을 안내한다.

가능하면 등번호를 소수로 정해보도록 하자. 하지만 소수가 아니어도 자신이 좋아하는 숫자로 등번호를 사용할 수 있어. 그리고 숫자보다 더 중요한 게 있어. 등번호가 새겨진 유니폼 아래 자신이 인생에서 중요하게 생각하는 '내 인생의 한 마디'를 적는 거야.

수업을 마치고

〈광야〉의 시인 이육사는 일제 강점기에 17번이나 옥살이를 하면서, 조국의 광복을 외친 항일 민족시인으로 二六四(264)라는 수인번호를 필명으로 사용한 것으로 잘 알려져 있다. 중·고등학교 시절 우리도 2604처럼 학번을 사용하여 이름을 대신했지만, 학번은 편의상 사용했을 뿐 몇 자리 숫자로 나를 대신한다는 게 썩 내키지는 않았던 기억이 있을 것이다. 그럼 이육사의 필명과 학번, 이 둘의 차이는 무엇일까? 바로 '주체적 의미 찾기'에 있다고 생각한다.

소수를 찾는 수업이 나를 찾는 수업이 되길 희망한다.

❖ 활동 사진

생각하고
발견하는 수업

가르치는 교실에서 배움이 있는 교실로

웅성웅성 소란한 교실 소음, 가만히 앉아 있는 아이들, 선행학습을 한 아이의 일방적 주도, 흐지부지 마무리되는 수업. 모둠수업에서 반복되는 어려움을 겪으며 교사가 주도하는 강의식 수업에 정착하게 되었다.

2015 개정 교육과정은 과정중심평가를 안내하며 수업이 변화할 수 있도록 이끌었고, 강의식 수업의 장점을 살리는 모둠토론 협력수업이 가능할지 고민하게 했다. 그 첫 단추는 배움의 공동체였다. 모둠수업에 대한 부정적 생각을 바꿔준 배움의 공동체 철학을 소개한다.

1. 배움이 일어나는 교실은 조용하다.
2. 수업 참관의 포인트는 교사의 가르침이 아닌 학생에게서 일어나는 배움의 과정이다.
3. 모둠은 랜덤으로 구성한다.
4. 점프 과제를 통해 모두에게 배움이 일어날 수 있다.

이렇게 다시 모둠수업이 진행되었고, 대안교과서를 만나 더욱 힘을 얻었다. 수업에서 주도적으로 학습하는 양이 늘어난 학생들의 반응은 계속해서 다시 모둠 토론수업을 가능하게 하고, 무조건 아니라고 생각하던 수업 방법에 또 다른 가능성을 열어두게 되었다. 그 후《아이들을 살리는 수학 수업》,《질문이 살아있는 수업》등 관련 서적을 찾아보게 되었고 적용하게 되는 과정들이 이어졌다.

그동안 대안교과서 수업에서 찾은 희망을 몇 가지 안내한다.

첫 번째는 원기둥의 전개도에 대하여 아이들이 가질 수 있는 오개념에 관한 것이다. 이것은 교과서를 이용해 강의식 수업을 할 때는 미처 생각하지 못한 내용이다. 수학 교과는 논리적인 사고력이 중요하다는 생각으로 개념이해와 절차적인 지식을 강조하던 나에게 아래 내용처럼 학생들이 직접 원기둥의 전개도를 오려서 만들어봄으로써 직관적으로 이해가 가능하다는 것을 깨닫게 해주었다.

원기둥을 만들 때 제시된 전개도가 잘못되었는데도 아이들은 그림 2처럼 옆면을 돌돌 말아 밑면에 딱 맞도록 붙인다. 밑면의 둘레와 옆면의 가로의 길이가 같아야 한다는 것을 알기 때문이다. 하지만 전개도로 입체를 만들 때 포개지지 않고 옆면의 두 변이 만나야 함(그림 3)은 놓친 결과다.

두 번째는 기본도형을 배운 후 평면을 구성한 활동지다. 많이 하는 활동인데 수학 문제는 잘 풀지 못해도 감각적으로 평면을 구성하는 능력이 탁월한 학생들의 새로운 면을 볼 수 있다. 다음 그림 6은 왼쪽에서 보면 고래지만, 오른쪽에서 보면 달팽이가 되도록 그렸다. 한 번

■ 다음은 친구들이 오른쪽 그림과 같은 원기둥의 전개도를 그린 것입니다. 전개도를 오려서 원기둥을 만들 때, 각 전개도에 대한 나의 생각을 정리해보자.

(1)

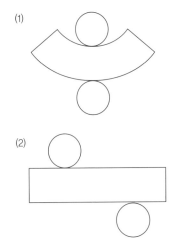

(2)

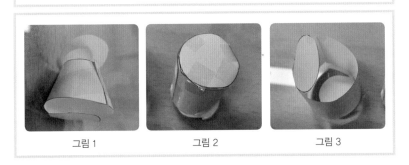

《수학의 발견》 중1 하권 124쪽 발췌

그림 1   그림 2   그림 3

에 두 가지를 표현할 수 있는 학생의 재능을 발견하고 놀란 순간이 떠오른다. 그림 7 역시 평면 전체를 점으로 꽉 채울 수 있다는 것이 놀라웠다. 문제풀이로는 알 수 없는 아이들의 잠재력을 발견하는 재미가 있는 수업이었다.

그림 4   그림 5

그림 6   그림 7

대안교과서 단원 마지막에는 다음과 같이 '개념과 원리 연결하기' 부분이 있다. 그 단원에서 배운 용어들을 사용하여 수학 이야기를 만들기도 하고, 한 문제에 대한 자신의 첫 생각과 친구들의 생각을 바탕으로 다시 한번 생각을 정리해보도록 하는 활동이다. 그리고 마지막으로 '수학학습원리 완성하기'라고 해서 단원 공부 중 풀었던 하나의 문제를

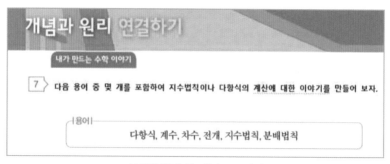

《수학의 발견》 중2 상권 53쪽 발췌

골라 자신의 깨달음과 그것에서 찾을 수 있는 수학학습원리를 기록해 보게 한다. 이 부분이 요즘 관심이 가는 부분이다. 그동안 나는 교과서 본문만 따라가기 바빴는데, 이렇게 마지막에 개념을 연결하고 자신의 생각을 따라가보는 과정에 초점을 맞추고 있는 내용이 새로웠다.

아래의 4컷 만화를 그린 학생은 학습 의욕이 낮아 수업시간에 정말 아무것도 하기 싫어한다. 하지만 야구 선수의 특징과 자신의 계산 실력을 대응시켜 재치 있고 타당한 내용으로 만화를 구성하여 가장 인상 깊었다. 대안교과서 수업은 이렇게 예상치 못한 순간에 아이들의 다양한 면을 발견할 수 있도록 이끌어주는 좋은 도구이기도 하다.

충분히 토론할 시간을 부여한 후 아이들이 개념을 찾아가는 모습을 보면 놀랍기만 하다. 모둠별로 조금씩 다른 이야기들이 연결되어 하나의 결론에 도달하는 경험은 다시 대안교과서를 붙들게 한다. 단순히 대안교과서를 활용한 수업이 전부가 아니라 이것을 토대로 활동중심

수업이 열리고, 수학 동아리 활동을 하게 되고, 교내 수학 축전, 수학과 친해지기 주간 운영으로 확대되어가는 경험을 하게 된다는 것이다.

지금까지 활동수업을 위해서는 매 차시 교과서 내용을 토대로 학습지를 재구성해야 했다. 그러나 대안교과서에는 이미 좋은 학습지들이 제시되어 있다. 이것을 수업에 어떻게 녹여낼지 고민하면 되는 것이다. 이 고민이 학생들과 소통하는 배움이 있는 교실로 이끌어줄 것이다.

생각하고
발견하는 수업

대수막대 활용 수업

'인간이 작은 완전성에서 더욱 큰 완전성으로 이행할 때 생기는 감정.' 스피노자가 정의한 기쁨의 감정이다. 수업에서 어떻게 해야 나도 아이들도 기쁨의 감정을 느끼게 할 수 있을까?

다항식의 인수분해는 공식이나 절차적인 방법만 외우면 잘하는 것처럼 보일 수 있는 단원이라고 오해하기 쉽다. 그래서 나는 이 단원을 준비하면서 '어떤 수업을 해야 할까?' 고민을 많이 했다. 수업을 통해 학원에서 이미 배운 공식을 그리고 교과서에 나오는 인수분해 방법을 학생들이 보고 느낄 수 있는 수업을 구성하고 싶었다. 학생들이 탐구 활동으로 개념과 원리를 깨닫는 기쁨을 경험하도록 수업을 구성하기 위해 《수학의 발견》이라는 대안교과서의 내용을 활용하기로 했다.

수업은 대수막대를 조작하며 인수분해의 원리를 탐구하는 것인데, 학생들이 좀 더 깊은 생각과 고민을 할 수 있도록 대안교과서의 내용을 변형했다. 이 수업의 학습 목표는 '대수막대를 사용하여 다항식을 여러 개의 다항식의 곱으로 나타낼 수 있다'이다. 나는 학생들이 충분히 고민하고 생각하여 인수분해의 원리를 발견할 수 있도록 다음 두 가지 질문을 던졌다.

첫 번째 질문

넓이가 x^2인 막대 1개, x인 막대 5개, 1인 막대 4개를 모두 사용하여 하나의 직사각형을 만들어 그려보자.

학생들은 대수막대를 직접 조작하여 직사각형을 만드는 활동을 통해 변수의 개념을 확인하고 막대들의 관계를 탐구하게 한다. 이때 교사는 다음 그림처럼 정답을 예상하지만 가끔 오른쪽과 같이 답이 나오기도 한다. 이 학생 답이 바로 우리가 함께 생각해볼 부분이고, 나는 이 예를 전체 학생에게 공유하여 함께 생각해보도록 했다.

칠판에 교사용 대수막대로 학생 답을 배열하다 보면 학생들이 한 것과는 다르게 딱 떨어지는 직사각형을 만들 수 없는 상황에 놓이게 된다. 나는 왜 이런 상황이 벌어지는지 고민하고 함께 의견을 나눌 수 있도록 했다.

학생들은 의견을 나누는 과정을 통해 학생용 대수막대는 $x=4$이기 때문에 오른쪽과 같은 경우가 나올 수 있지만, 교사용 대수막대는 $x \neq 4$이므로 오른쪽과 같은 배열로는 직사각형이 만들어지지 않는다는 것을 알아차릴 수 있다. 그리고 x는 4일 수도 있고 4가 아닌 다른 수가

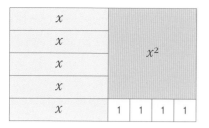

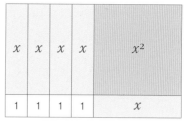

학생 답   정답

될 수 있는 변수이므로 'x는 무조건 4인 것은 아니다'라는 결론을 통해 '같은 길이를 가진 변끼리만 맞닿게 놓는다'라는 규칙을 세워 활동을 진행할 수 있도록 했다.

두 번째 질문

> 넓이가 x^2인 막대는 1개, x막대는 [   ]개, 1막대는 12개를 모두 사용하여 하나의 직사각형을 만들려고 한다. 이때, x막대는 몇 개 사용했나요?

이 질문에 대한 답은 세 가지가 나올 수 있다. 학급 전체에서 최소 두 개 이상의 답을 공유하게 하면, 학생들이 서로의 답을 궁금해하며 호기심을 갖는 모습을 보였다. 이렇듯 두 번째 질문은 답이 왜 여러 개가 나올 수 있는지 생각해보게 하는 좋은 질문이다.

많은 학생들이 사교육을 통해 인수분해를 이미 배웠지만 이 질문에 포함된 원리를 쉽게 파악하지는 못했고, 대수막대를 옮겨보고 친구들과 토론을 하며 때로는 혼자만의 고민에 빠지기도 했다. 교사는 "이렇게 두 가지(세 가지) 방법만 있을까요?", "이 방법밖에 없다면, 왜 그런지 생각해볼까요?", "x막대가 6개이면 안 될까요?" 등의 추가 질문으로 학생들이 좀 더 지치지 않고 생각하고 탐구할 수 있게 도와주었다.

이 질문은 'x^2막대가 한 개일 때 1막대 12개를 어떻게 배열하는가에 따라 x막대의 개수가 정해지며, 1막대 12개는 가로 1칸 세로 12칸, 가로 2칸 세로 6칸, 가로 3칸 세로 4칸으로만 놓을 수 있고 이때 x막대는 각각 13(=1+12)개, 8(=2+6)개, 7(=3+4)개이다'라는 결론에 도달하기를 의도한 것이다.

이렇게 $x^2+(a+b)x+ab$ (단, a, b는 자연수) 형태의 이차식을 인수분해하는 원리를 일반화하여 계수를 음수까지 확장한 $x^2+(a+b)x+ab$의

x막대 13개

x막대 8개

x막대 7개

인수분해를 이해하도록 했다. 또, 이후 수업에서 x^2막대의 개수를 2개 이상으로 제시하여 같은 방법으로 $acx^2+(ad+bc)x+bd$ 형태의 이차식의 인수분해를 탐구할 수 있었다.

이 수업은 수학을 어려워해서 자신감이 부족한 학생도 대수막대를 조작하여 직사각형만 만들면 인수분해가 되는 과정을 경험하면서 작은 자신감과 성취감을 주었다는 데 의미가 있다고 생각한다. 또, 선행학습으로 학교 수업시간이 시시한 학생들에게도 이미 알고 있는 공식의 원리를 자신이 발견하고 이해했다는 데 의미가 있다고 생각한다. 이 수업에서 우리 아이들이 이차식의 인수분해 원리를 손으로 조작하고 충분히 고민하며 스스로(또는 함께) 발견함으로써 수학의 즐거움을 조금이나마 느꼈다고 생각한다. 아이들의 호기심 가득한 표정과 수학 원리를 발견하는 순간 희열감 넘치는 표정이 나에게는 좋은 에너지로 작용하여 나는 오늘도 마음을 고쳐 잡는다.

생각하고
발견하는 수업

선생님, 수학 왜 배우나요?

"선생님, 수학 왜 배우나요?"

예나 지금이나 수학 선생님들이 듣는 단골 질문일 것 같다. 나도 지금에서야 수학을 배우는 이유를 알아가고 있으니 말이다.

1. 수업에 대한 고민으로 변화하는 수업

나의 수업에 대한 고민은 대부분의 선생님들이 하는 고민과 비슷할 것이다. '지금 내가 잘 가르치고 있는가?', '어떻게 하면 모두가 수업에 참여하고 개념과 원리를 알아가는, 배움이 있는 수업이 될 수 있을까?' 배우는 이유를 설명하지 않아도 수업 속에서 학생들 스스로 필요성을 발견해가는 수학 수업을 고민하던 중 수학 대안교과서를 만났다.

1-1. 대안교과서의 개발 콘셉트와 수업 노하우가 담긴 해설서

지금까지 본 적 없는 수학 교과서가 나의 고민에 답해줄 수 있다는 생각이 들었던 이유는 대안교과서의 개발 콘셉트와 교사를 위한 수업 노하우가 담긴 해설서가 있었기 때문이다.

수학의 발견 개발 콘셉트	수업을 위한 길라잡이 – 해설서 콘셉트
• 학생의 자기 주도적 발견(또는 발명)을 위한 과제 • 수학 개념 연결로 지식의 소유권 확보 • 학생 친화적 일상 용어 사용	• 탐구과제에 대한 의도 • 학생 예상에 대한 답안 및 실험학교 학생들의 예상 답안 • 학생들이 주로 범하는 오개념 • 오개념을 줄이기 위한 발문 내용 및 수업 노하우

1-2. 스스로 개념과 원리를 찾는 탐구과제

개념과 원리를 스스로 알아갈 수 있도록 만들어진 탐구과제와 과제를 혼자 해결하는 것이 아니라 모둠 내에서 토의하고 생각을 서로 공유하는 학습 형태는 신선했다.

이 매력적인 교과서를 활용해 수업을 진행한 후로 칠판을 가득 채우며 판서하고 노트필기 시키는 나는 더 이상 없었다. "왜? 왜 그렇게 생각하는데?" 모둠에서 서로 생각을 공유하고 토의하는 학생들과 교실을 누비며 학생들의 탐구가 끝날 때까지 참고 기다리는 내가 있을 뿐이다. 수업의 주체가 아이들로 바뀌게 된 것이다.

수학 대안교과서 탐구과제(정사각형 모양의 텃밭 테두리 벽돌의 개수를 세지 않고 테두리 벽돌 전체 개수를 구하는 식을 써보시오.)**에 따른 학생 답안**

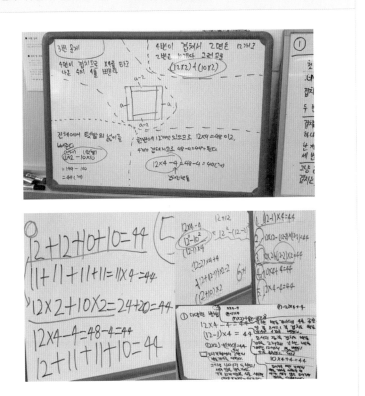

[21년 신입생 수학일기 중]

"우리가 직접 약수를 구하는 공식을 발견하는 것이었는데 수학이 게임처럼 재미있었다."

"나는 전보다 더욱 재미있고 깊이 있는 수학을 배울 수 있을 것이라는 생각에 기분이 들떴다. (중략…) 특징을 찾은 다음 친구들끼리

의견을 공유해보는 시간을 가졌는데 다른 친구들이 찾은 특징들이 생각보다 흥미로워 재미있는 수학시간을 보낼 수 있었다."

2. 수학 대안교과서 수업하기

교직에 들어와서 수업에 대한 이야기를 동교과 선생님과 이렇게 많이 이렇게 자주 한 기억은 없을 것이다. 대안교과서의 과제에 대한 학생들의 예상 반응, 수업 구성에 대한 고민을 동료 교사와 함께 나누면서 수업은 이제 나 혼자만의 것이 아닌, 함께 고민한 선생님들과 공동으로 노력한 결과라 말할 수 있을 것이다.

물론, 수업의 완성은 언제나 학생들의 몫이었다. 아무리 많은 고민과 노력으로 만들어진 수업이라 하더라도 학생들의 반응이 시큰둥하고 수업 방법에 대한 불만이 크다면 진행하기 어려웠을 것이기 때문이다.

2-1. 수학 대안교과서 활용 수업 구성하기

선행학습을 한 아이들은 이미 다 배운 내용이라 교과서 문제는 척척 풀어내지만, 대안교과서 과제는 개념과 원리를 정확하게 이해하지 않으면 쉽게 써 내려갈 수 없기에 초반에는 왜 문제만 풀면 안 되냐며 불만을 나타내기도 했지만, 수업이 진행될수록 학원에서 배우지 않은 개념과 원리를 스스로 알아가며 학습하는 즐거움에 대해 이야기하게 됐다. 초등학교 때부터 수학에 대한 두려움이 있던 아이들조차 모둠활동에서 과제를 해결하기 위해 친구들과 의견을 주고받으며 수업에 참

기존 교과서 + 학습지 형태 제공

- 기존 교과서를 중심으로 수업 진행
- 대안교과서에서 학생들의 학습에 도움이 될 과제를 선택하여 학습지 형태로 제공
- 단원 시작 전 또는 후에 대안교과서 과제를 그대로 사용하여 학습지 구성
- 학습지는 수업시간 내 제출할 수 있을 정도의 분량으로 만들어 수업시간 내 제출하게 함
- 학습지는 평가에 반영
- 대안교과서 내 과제를 학교 상황과 교과진도에 맞게 재구성하여 학습지 구성
- 급격한 변화가 아니기 때문에 교사나 학생 모두 자연스럽게 사용함

tip. 교과서 진도를 나가기 전 대안교과서 탐구과제로 먼저 개념을 스스로 탐구하게 한 후에 교과서를 진행하는 것이 학습효과가 더 좋았음

수학 대안교과서 + 기존 교과서

- 수학 대안교과서를 중심으로 수업 진행
- 기존 교과서는 학습 이해에 대한 확인용으로 활용(수학익힘책처럼 활용함)
- 수학 대안교과서 교육과정이 기존 교과서 교육과정과 다를 수 있음
- 대안교과서 내 과제를 모두 학습하지 않아도 됨
- 대안교과서 내용만으로 부족하다 생각될 경우 추가 학습지를 제공
- 교과서 구입 문제도 있고, 책이 2권 생긴다는 부담감이 발생할 수 있어 사전에 학생들에게 대안교과서 사용 이유를 충분히 이야기해야 함

여하고 있는 자신의 모습에 즐거워했고, 수학을 잘하는 아이든 못하는 아이든 과제에 대해 자신의 생각을 이야기하고 친구의 설명에 왜라고 다시 반문할 수 있는 아이들이 늘었다.

"수학 시간에 모르는 게 있으면 아이들과 같이 소통을 하여 문제를 풀어나가는 게 너무 좋았고 강은주 선생님의 수학 시간이 정말 좋았다." – 졸업생 권○○

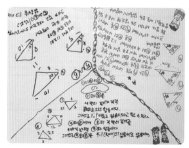

"증명 과정을 자신이 처음부터 끝까지 스스로 유도할 수 있도록 힌트를 주는 방식으로 문제가 구성되어 있어서, 어떠한 개념이나 공식에 대한 증명 과정만큼은 정확하게 알 수 있었다. 그래서 수학 공부를 하며 기억이 나지 않는 부분이 있을 때, 증명 과정을 차근차근 생각하여 공식을 기억해낼 수 있었다." - 졸업생 홍○○

"꼭 공식을 무작정 외우는 식의 수업이 아니고 왜 그런지 의문을 던지는 수업의 형태가 좋은 것 같다. 선생님의 수업 스타일이 우리를 정말 위한다는 느낌을 항상 받아왔을 만큼 다른 수업들보다 더 집중이 되었고, 수학 공부에 도움도 많이 되었다." - 졸업생 석○○

2-2. 수업에 들어가기 전 수업 계획 세우기

수학 대안교과서를 활용해서 수업을 준비하면서부터 계획 없이 수업을 해본 적이 없다. 미리 학생들의 예상 답안을 생각하고, 발문할 내용을 고민해 수업에 들어가야 당황하지 않고 수업을 진행할 수 있기 때문이다.

1단계	수업열기	운영시간	5분~10분
내용(이중 몇 가지를 선택하여 운영함)			

- 미션활동(기존에 배운 내용을 확인하여 수업과 연결하기 위함)
- 수업과 관련된 EBS MATH 영상 보기
- 전 시간에 배운 내용 확인(용어, 개념 등)
- 《수학의 발견》 책 내용을 함께 읽으며 오늘 배울 내용 함께 찾기
- 과제 확인하기

2단계	수업전개	운영시간	25분~30분
내용			

《수학의 발견》 과제 해결하기 또는 관련 수업활동

1. 탐구 과제별 활동 범위 정하기 : 개별, 소모둠, 전체모둠
2. 탐구 과제별 공유 범위 정하기 : 개별, 소모둠, 전체모둠
3. 탐구 과제와 교과서 내용 확인하기 : 교과서에서 과제와 유사한 내용 찾기
4. 학습목표를 좀 더 구체화하기 위한 활동 과제 하기(재미있는 수업을 위한 활동)
5. 각 과제별로 적절한 발문 내용 생각하기

[탐구 과제별 활동 시간 및 공유시간]

1) 개별풀이(3분~5분) : 하나의 과제당 개인별 풀이 시간
2) 소모둠 공유(5분~10분) : 개별풀이 후 소모둠 토의로 생각 공유하기
3) 전체모둠 공유(10분~15분) : 발표 할 모둠 수는 전부 모둠일 필요는 없다. 적절하게 조절
   하여 전체모둠 공유 진행(토의도 7모둠 중 4모둠 이상이 끝나면 발표)
4) 모둠별 토의내용 정리하기 : 5분

3단계	수업정리	운영시간	5분~10분
내용(이중 몇 가지를 선택하여 운영함)			

- 발표(토의)한 내용을 토대로 정리할 시간 주기
- 다음 수업시간 전 해야 할 과제 안내하기
- 수학 일기 쓰기
- 모둠에서 활동이 잘 이루어졌는지 동료 점검하기

수학 대안교과서로 수업하고부터 아이들과 함께 성장하는 나를 느끼게 되었다. 이 모든 시간이 힘들지만 수업에 들어가면 자신감이 생기고, 아이들의 활동 모습과 수업에 대한 일기를 보며 더 열심히 해야겠다고 다짐하게 된다.

"초등학교 때 배우던 일반 수학 교과서는 재미있으면서도 한편 좀 많이 지루했는데 《수학의 발견》이라는 책은 그렇지 않았다. 《수학의 발견》 교과서는 우리에게 한 가지 정해진 답만 요구하는 것이 아니라 정말 다양하고 창의적인 풀이 방법을 원했다. 처음에는 단답형이 아닌 주관식으로 답을 하는 것이 조금 어려웠지만 시간이 지나면서 주관식으로 답하는 것이 쉬워지고 재미있어졌다. 이러한 책이라면 수포자도 많이 줄어들 거라는 생각도 들었다. 가장 인상 깊었던 수학시간의 수업 방식은 바로 공식을 암기하고 문제를 푸는 것이 아니라 내가 직접 그 공식을 찾아나가는 해결 과정이었다. 이 과정을 통해 우리만의 새로운 공식을 찾아낼 수도 있었다." – 21학년도 신입생 김○○

"확실히 체감하는 부분이지만 학교 수학 수업이 정말 자발적으로 스스로 알아가는 수업 같아 재미있다. 내 개인적인 생각이지만 이러한 부분들과 최고의 수학 선생님이신 강은주 선생님의 설명이 합쳐지니 학교 수학 수업을 대체할 그 어떤 문제나 인강이 있을 수가 없다!! 학교 수학 최고!!" – 21학년도 신입생 노○○

2021년 1학년 학생의 입학 후 100일간의 수학 수업에 대한 소감이다. 솔직히 1학년 학생의 글은 대안교과서 수업을 해야 하는 이유와 잘하고 있다는 확신을 주어 감동받은 소감 중 하나로 꼭! 소개하고 싶었다. 스스로 수학 개념과 원리를 알아가는 것이 얼마나 큰 즐거움인지 느끼고, 그 즐거움을 다른 사람과 함께 나눴을 때 배가 된다는 것을 아이들이 알게 되어 행복하다.

2

깊게와 넓게 사이

교실 밖 수학 이야기

함께 성장하는 수학 쉼터

수학에 거부감을 가지고 있는 학생들에게 어떻게 수학을 생각하게 할 것인가? 수학 공부는 열심히 해도 안 된다는 선입견과 잘못된 경험을 이미 가지고 있는 학생들을 어떻게 할 것인가? 수학에 투자한 시간을 다른 과목 공부하는 데 쏟으면 점수가 더 잘 나왔을 거라고, 수학을 포기한다는 학생들의 마음을 어떻게 돌릴 것인가? 사실 수학 수업 시간이 나도 재미없는데 학생들은 더 그렇지 않을까? 이런 고민을 선생님들과 함께 나누고, 나아가 수업을 좀 더 재미나게 바꾸고, 나만 수업하는 게 아니라 학생들과 소통하면서 함께 수업을 만들어가고 싶었다.

1. 누구나 수학

기초학력 부진 학생, 천천히 배우는 학생 등 명칭도 바뀌면서 다양한 정책들이 있었지만 기초학력이 부족한 학생들만 방과 후에 남아서 공부하는 방법은 변하지 않았고, 대상 아이들은 친구들이 하교한 교실에 강제로 남겨져 공부하는 것을 너무나 싫어했다. 이미 초등학교에서 그렇게 해보고 부정적 선입견이 생겨버린 아이들은 '과외를 받는다', '학원을 다닌다'면서 요리조리 빠져나가는 기술까지 터득해버렸다.

다행히 수행평가, 과정중심평가가 도입되고 수업 과정을 중시하는 교육 환경이 조성되면서 모둠활동, 협력학습이 활발해졌다. 배움이 느린 학생들도 수업활동에 참여해야 하고 참여시킬 수밖에 없는 상황이 마련된 것이다. 수업시간, 아침시간, 점심시간 등을 이용해 이 학생들을 관찰하고 학습 코칭과 피드백하는 활동을 하면서 '누구나 수학반'이라는 명칭을 붙였다. 일반 학생들도 함께 참여시켜 기초학력 수업에 대한 부정적인 인상을 없애려고 했다. 그리고 수학 체험활동이나 보드게임 등을 적절하게 활용하여 수학에 대한 긍정적인 생각을 갖도록 노력했으며, 수학나눔학교, 개별화 협력 강사 등의 제도를 최대한 이용해보려고 했다. 협력 강사 선생님과 함께 수업 피드백을 하는 것은 학생들에게 정말 많은 도움이 되었는데 마음이 잘 맞아야 하고 사전 협의가 잘 되어야 한다는 전제가 있긴 하다.

또래학습도우미를 활용하여 옆 짝과 멘토-멘티가 되도록 학생들과 협의하에 자리 배치도 바꿔보았다. 친구를 가르쳐주면서 자신의 학습이 향상되는 경험을 해본 학생들은 멘토-멘티 활동에 긍정적이지만 그렇지 않은 학생들은 내 시간 들여 남을 가르쳐야 한다는 부담을 좋게 생각하지만은 않았다. 그러나 학기 초에 학습 방법에 따른 학습효과에 관하여 EBS Math 동영상 등을 보여주며 사전 교육을 실시하고 일단 함께 해보도록 이끌었더니, 점차 친구들과 서로 가르치고 배우며 함께 공부하는 활동을 자연스럽게 하게 되었고 학급 분위기도 좋아지는 효과를 가져왔다.

또 다른 방법으로 강원대학교 수학교육과 학생들의 교육봉사를 활용했다. 멘토와 멘티를 매칭하고 요일을 정하여 일주일에 2시간씩 이틀을 수학학습 지원을 받고, 수학교육과를 가려면 어떤 과정을 거치는지 진로에 대한 도움을 받을 수 있다. 매번 멘토링 활동 내용을 기록하도록 했으며 또래학습도우미와 마찬가지로 일반학생과 느리게 배우는 학생을 함께 묶었다. 2인 1조를 기본으로 하고 경우에 따라서 3인 1조가 되기도 하고 1인이 되기도 했다. 그 결과 간혹 탈락자도 있었지만 소극적인 아이들은 적극적으로 변했고 성적도 올랐다.

올해는 ZOOM을 이용한 쌍방향 온라인 대학생 멘토링을 진행했고 기록은 캡처한 수업 장면과 함께 수업 활동 내용을 매일 작성하게 했다. 규칙적으로 학생들의 수업에 관하여 인터뷰하여 문제 상황을 해결했고 기말고사 결과 성적이 향상되어 다들 좋아했다.

대학생 멘토링

온라인 멘토링

2. 수학클리닉 운영 사례

그래도 더 나은 방법이 없을지 고민하면서 수학클리닉 연수를 2015년부터 기초과정, 이듬해 일반과정 그리고 2018년 심화과정을 이수하게 되었다. 그래서 ASK MATH 사이트의 '수학 진단검사'를 기본으로 아이들의 효율적인 시간 관리를 도울 수 있는 '시간 점검표', '공부 환경점검표', '성격 성향 검사' 등 학생들이 자신에게 관심을 가지게 되고 수학 공부에도 도움이 될 만한 방법들을 사용해보았다. 이는 아이들보다 교사인 내가 더 학생들을 관찰하고 자세하게 알고 이해하는 계기가 되었다. 또한, 맥스웰 몰츠가 《성공의 법칙》에서 습관 형성에 21일이 걸린다고 말한 것에 착안하여 '수학 성공 경험 21일 프로젝트'를 만들어 수학노트에 매일 수학공부를 한 시간과 내용 등을 기록하게 했다. 하루도 빠짐없이 21일간 수학공부(수업시간 만나면서 중간 점검 필요)를 성공한 학생들은 뿌듯해하고 수학공부하는 습관이 생겼다고 좋아했다. 물론 하루라도 빠지면 다시 시작해야 한다.

아무리 좋아서 또는 필요해서 하는 일일지라도 가끔은 감당하기 힘든 순간이 있다. 수학클리닉도 그랬다. 처음 수학클리닉 연수를 받을 때 수학학습 코칭, 학습 상담 그리고 현장 선생님들의 사례 발표를 듣고 무척이나 고무되었는데 막상 중학교 현장에서는 참담한 현실이 기다리고 있었다. 매뉴얼대로 수학클리닉을 안내하고 신청을 받아보았으나 수학클리닉에 대한 이해 부족인지 아니면 클리닉이라는 단어에 대한 거부감 때문인지 신청자가 거의 없었다. 있다 하더라도 수학클리닉을 받으면 금방 수학 점수가 올라갈 거라는 헛된 바람으로 오는 학생들이 대부분이었다. 정작 수학클리닉이 필요한 학생들은 상담이라는 말에 적잖이 부담을 가졌고, 뭔가 부정적인 느낌이 들어서인지 신청을 하지 않았다. 게다가 학생들과 상담 시간을 30분에서 1시간씩 낸다는 것도 현실적으로 어렵고 그런 상담을 10회 이상을 해야 한다는 메뉴얼은 고등학교는 몰라도 중학교에서는 정말 적용하기 어려웠다. 더구나 최근 몇 해 전부터 우리 학교는 하교 차량을 운행하는 터라 오후엔 시간이 없다는 공적인 변명거리까지 생겨버려 학생들과 방과 후에 상담을 한다는 것은 생각할 수도 없게 되었다. 그래서 수업시간을 적극적으로 활용할 수밖에 없었고 '수학 성공 경험 21일 프로젝트', '하루 한 장 수학' 등 학생들이 스스로 해보고 피드백과 코칭을 하는 방법을 찾았으며 지금도 노력 중이다.

수학클리닉 진행 과정은 다음과 같다.

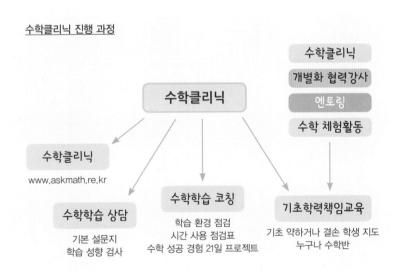

수학클리닉 진행 과정

❖ 수학 성공 경험 프로젝트(21일간)

( )월 ( )차 수학공부			
월/일		학습 장소	
공부환경 조성을 위해 한 일			
수학학습 준비물		수학학습 시간 (지속적으로)	시간 분
수학공부 내용(단원명, 교과서 페이지)과 공부 방법			
수학공부를 마치고 느낀 점			

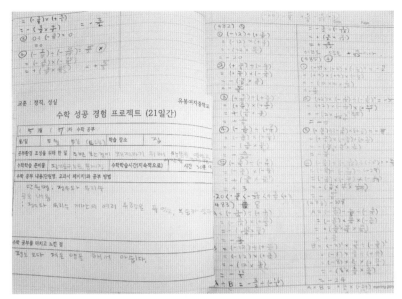

수학 성공 경험 21일 프로젝트

교실 밖
수학 이야기

멘토링을 통한
자신감 키우기

수학 시간은 싫다. 복잡하고 어려운 계산이 많고 점점 흥미를 잃게 된다. 수업시간에 배운 내용은 1+1이라면 시험 볼 때는 6+(7+4) 같은 문제를 푸는 기분이다. 점점 하기 싫고 어렵다. 그런데 수학을 잘하고 싶다.

수학 수업을 대하는 대부분의 아이들 마음이다. 하기 싫고 어려운데, 잘하고 싶은 소망이 있다. 그런데 잘 안 돼서 답답해한다. 어떻게 하면 이런 아이들을 수업에 참여시키고 일으킬 수 있을까?

교사, 학생의 멘토가 되다

수학의 위계성으로 전 단계의 개념 약화는 다음 단계의 부실을 가져오고 그래서 더 하기 싫고 더 할 수 없게 된다. 언제 다시 기회가 오는 걸까? 한번 놓친 수학의 손은 다시 잡을 수 없는 것일까?

그 기회는 중학교 2학년 때 찾아온다고 생각한다. 중학교 2학년 1학기 교과 내용은 지수법칙, 단항식의 계산, 다항식의 계산, 연립방정식, 일차함수에 관한 것으로 정수와 유리수의 계산, 일차방정식에 대한 보충이 가능하다면 충분히 따라갈 수 있는 내용들이다. 또, 지난 것들을 배울 시기의 나이에 이해하기 어려웠다면 중학교 2학년쯤 성장했을 때는 어느 정도 이해력이 갖춰진다고 생각한다. 여기에 자신의 의지와 주변의 도움이 있다면 이제 모든 준비는 끝났다!

마음은 있지만 꾸준히 공부하기가 어렵기에 옆에서 계속 동기를 부여해줄 누군가가 필요하다. 아이들 한 명 한 명에게 나의 시간을 할애해야 하는 부분이다. 나의 시간 투자가 한 아이의 변화라는 열매를 맺는다면 기꺼이 투자할 마음이 생긴다. 그렇게 나의 점심시간은 천천히 배우는 학생들에게 투자한다. 하루 한 장 공부할 양을 정해주고, 요일을 정해 학습 상태를 점검하고 부족한 부분을 채워준다.

《칭찬은 고래도 춤추게 한다》는 오래전 읽은 책은 아이들을 만나면서 계속 생각하게 한다. 아이들의 작은 성공도 놓치지 않으려고 집중한다. 아주 간단한 계산이라도 성공했을 때 칭찬하고 '할 수 있다'는 말을 많이 해준다. 자신의 부족함을 볼 때마다 잘한 부분을 볼 수 있도록 시선을 바꿔주고 한 명 한 명의 변화에 주목한다. 개개인의 발전 방향, 속도는 다 다르다. 그 변화가 미약하더라도 놓치지 않으려고 노력한다.

'아이들의 진심이 무엇일까?', '아이들이 정말 원하는 것이 무엇일까?', '내 욕심은 아닐까?' 끊임없이 고민한다. 수학을 꼭 잘해야 하는 건 아니지만 너무 쉽게 금방 포기하지 않길 바라는 마음으로 한 명한 명에게 멘토가 되어준다.

학생, 서로의 멘토가 되다

수학나눔학교를 운영하기 전부터 내 수업에는 멘토와 멘티가 있었다. 어찌 보면 멘토 학생이 자신의 재능과 시간을 낭비하는 것처럼 보일 수 있겠지만, 가장 좋은 공부 방법은 다른 사람에게 자신이 아는 것을 이해할 수 있게 설명하는 것임은 잘 알려진 사실이다. 그래도 활동을 시작하기 전에 아이들을 이해시키기 위해 '상위 1%가 공부하는 방법' 영상을 보여주며, 멘토링 활동의 의미와 학습효과를 강조했다. 그렇게 수학 수업 시간에 멘토링을 진행했고, 이를 좀 더 확대해서 수학나눔학교 프로그램으로 '수학 멘토링'을 운영했다.

구분	멘토, 멘티 학생		선발
전교생 대상	멘토 : 3학년	멘티 : 2학년	• 수학에 관심이 높고 수학 기초가 있는 학생 중 지원자를 멘토로 선정 • 멘토는 학년별 지원자를 선별하여 멘티로 확정된 학생을 1대 1로 매칭
	멘토 : 2학년	멘티 : 2학년	
	멘토 : 2학년	멘티 : 1학년	
	멘토 : 1학년	멘티 : 1학년	
운영 방법			

• 교과 학습이 우수한 학생이 교과 학습 미달 학생 결연 지도
• 수업시간 멘토링 활동, 밴드 활용을 통한 수업 영상 제작, 카톡을 활용한 멘토링
• 쉬는 시간, 점심시간, 주말 등을 활용하여 가르치고 배우는 배움 활동 전개
• 멘토 활동일지 / 멘티 멘토링 노트를 통한 체계적인 활동 관리

프로그램 운영 결과 동학년 멘토링보다는 선후배 멘토링이 서로에게 더 많은 영향력을 주었다. 학생들이 작성한 멘토링 활동 소감문에 '선배는 후배에게 자신의 학습 방법을 안내해주고 자신이 정확하게 이해하지 못한 내용들을 (후배에게 알려주기 위해) 다시 한번 학습하는 계기가 되고, 후배는 수학공부 방법뿐만 아니라 전반적인 학습 방법과 현재 학년을 잘 보낼 수 있는 조언과 충고를 선배로부터 들을 수 있었다'고 작성한 내용이 많았다.

"(중략) 혼자 했다면 여전히 막막하게 단순 암기로 시험 때만 문제 유형을 외우고 시험이 끝나면 바로 잊어버리는 식으로 아직도 수학을 싫어하고 포기했을 텐데 이번 수학 멘토링 활동을 통해 그동안 경험해보지 못한 경험을 했고, 수학과 더욱 가까워지며 멘토 형의 조언이나 진로 이야기를 들으며 즐거운 시간을 보내 좋았다."

"멘티가 좀 더 쉽게 풀 수 있도록 새로운 시각에서 문제를 바라볼 수 있도록 많은 노력을 기울였다. 시간을 내어 인터넷 강의를 같이 듣기도 했고, 이과 친구들에게 더 쉬운 풀이 방식을 배우기도 하며 멘토링을 준비했다. 의미 있는 활동이었고 나를 성장시키는 시간이었다. 단순히 문제만 푸는 것이 아니라 설명해주고 이해시키면서 나 또한 실력이 향상되는 느낌을 받았기 때문이다. 수학 멘토링을 하기로 한 것은 잘한 선택이었다."

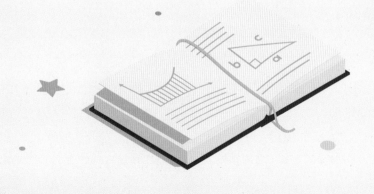

교실 밖
수학 이야기

수학에 빠지다,
수학 문집 만들기

우연한 기회란 없다. 스스로 노력한 자만이 얻을 수 있다. 앞자리에서 강의를 듣고 싶지만 질문받기 쉬운 자리라 늘 어정쩡한 위치에 앉는 내가 손을 들고 발표를 한 연수가 있다. 바로 전국 수학 교사 한마당 연수이고 발표를 한 이유는 발표를 하면 수학 문집을 주시겠다고 했기 때문이다. 수학으로 가득한 문집, 정말 궁금했다. 그리고 나는 문집 만들기에 도전했다.

1. 수학 문집 만들기 제작 과정

1-1. 계획 세우기

교사가 혼자 학생자료를 모으고 편집하여 문집을 만드는 것은 쉽지 않다. 그래서 수학 문집 만들기를 하기 위해 수학동아리 학생들에게 도움을 요청했다. 사전에 수학 문집의 의미를 충분하게 설명한 후 토의하도록 했다. 결론은 조금 힘들지만 의미 있는 활동이 될 것 같다고 하여 수학동아리 학생들과 문집 만들기를 계획했다.

나는 동아리 학생들에게 최소한의 부담만 주고자 했으며 일부러 문집을 만들기 위해 없던 활동을 계획하는 것이 아니라 기존에 있는 활동들을 통해 내용을 구성하고자 했다. 파이데이, 수학멘토링, 수학의 날, 수학클리닉, 수학축전 참가, 수학 수행평가, 수학캠프 등의 활동을 하고 난 뒤 반드시 활동에 대한 소감문을 쓰도록 했기 때문에 생각보다 문집 내용을 구성하기는 어렵지 않았다. 그리고 수학동아리 학생들이 동아리에서 계획하고 있던 수학 신문, 소논문을 문집 내용에 추가했다.

❖ 수학 문집 메뉴구성

홍수빠 part-1	홍수빠 part-2	홍수빠 part-3
• 수학시 • 수학용어로 글짓기 • 수학표어/수학표지디자인 • 수학신문 • 수학만화 • 수학캠프	• 수학 독후감 • 강원수학축전 참가 소감문 • 수학멘토링 활동 소감문 • 수학프로젝트 보고서	• 수학클리닉 캠프 • 수학 앙케이트 • 수학동아리 소논문 • 편집후기

1-2. 역할 분담하기

자료를 모으는 일은 수학 관련 활동이나 교과시간에 실시한 것들은 내가 보관하기로 하고 보관된 자료 중에 문집에 들어갈 만한 내용들은 동아리 학생들이 선별하기로 했다. 선별된 자료를 스캔했을 때 내용이 잘 보이지 않는 자료들은 동아리 학생들이 직접 타자를 쳐 자료를 모으고, 파트별로 편집자를 정하기로 했다. 역할 분담은 동아리 학생들이 자율적으로 논의하여 정하도록 했다.

❖ **역할 분담하기**

문집 디자인	파트별 내용 정리	파트별 편집 및 점검
• 문집의 표지 디자인 • 문집의 파트별 간지 디자인 • 문집의 전체 틀 디자인	• 파트별 자료 스캔 • 파트별 자료 타자 작성 • 행사 사진자료 정리	• 파트별로 정리된 자료들을 전체적으로 수정 • 파트별로 필요한 문구나 사진이미지 찾기

1-3. 수학 문집 만들기 일정

문집이란 작품을 모아놓는 것이기에 학사일정 중간중간에 문집을 만드는 작업을 하기보다 학사일정이 마무리되어가는 시기가 좋을 것이라 생각하고 2학기 2회고사가 끝난 뒤로 문집 만들기 일정을 정해 평일과 주말에 수학동아리 학생들과 함께 컴퓨터실에 모여 함께 문집 만들기 작업을 했다. 표지 디자인은 고3 수학동아리 부장이 동아리를 위해 적극적으로 하고 싶다는 의사를 표해 그 학생에게 일임했다.

2. 자료 수집을 위한 행사 운영 방법

2-1. 각종 수학활동에 대한 소감문 양식 만들기

수학활동에 대한 소감문을 늘 받고 있었지만 수학 문집을 만들 생각을 하니 기왕이면 통일된 양식에 작성하도록 하는 것이 좋다고 생각하여 행사에 대한 활동 소감문 서식을 만들었다.

❖ 소감문 서식 및 내용

소감문 서식	소감문(또는 발표 내용) 구성 내용
• 행사 제목 • 학번/이름 • 활동주제 • 소감문 쓰기	• 주제 선정 이유 • 주제에 대한 수학적 내용 정리 • 활동을 통해 수학적으로 내가 알게 된 사실 • 활동을 통해 느낀점 또는 개선점

2-2. 수학활동 후 소감문 쓰기에 의미 부여하기

수학 수업 시간에 수학노트를 사용하고 수업 후에 늘 수학일기를 쓰게 했더니 처음에는 다소 글쓰기를 어려워하던 학생들도 수학 고민과 자신의 학습내용을 성심껏 정리하는 모습을 보여 남학교 학생들이라 글쓰는 것을 정말 좋아하지 않을 것이라는 나의 우려는 의미가 없어졌다. 이에 학생들을 향한 믿음을 가지고 활동 소감문을 매 활동마다 쓰게 했다. 기왕이면 더 좋은 결과물을 얻을 수 있도록 했는데 그 방법 중 하나는 열심히 잘 작성한 학생들이 보상받을 수 있도록 활동마다 작은 사은품 또는 시상 계획을 세웠다. 또한, 우수 작품은 크게 출력하여 복도에 전시했다.

❖ 교내 시상 및 사은품

교내상	시상품	교외상
• 수학의 날 활동 소감문 • 수학 멘토링 우수활동 소감문 • 수학포스터	(간식 제공) • 파이데이 행사 참여 소감문 • 수학클리닉 참여 소감문 • 수학캠프 참여 활동 소감문 • 우수과제 제출	• 수학축전 참가 활동 소감문 • 수학독후감 대회

2-3. 수학행사 활동 소개(수학클리닉-선후배 수학멘토링)

수학나눔학교를 운영하면서 수학의 재미를 아이들이 느낄 수 있도록 관련된 행사를 많이 준비해 진행했다. 혼자라면 어려웠겠지만 수학동아리 아이들의 적극적인 협조와 열정으로 행사 진행이 가능했다. 행사 계획은 내가 세웠으나 행사 진행은 수학동아리 아이들이 서로 역할을 분담하여 진행했다. 그중 행사에 대한 아이들의 만족도가 높았으며 계속 진행되기를 바라는 수학활동 하나를 소개하려고 한다.

인문계 고등학교에서 수학은 늘 학습에서 아이들의 가장 큰 고민거리 중 하나일 거라 생각한다. 한 살 차이가 가장 어렵고 힘들 듯이 가장 현실적인 도움을 줄 수 있는 사람이 전년도에 졸업하거나 올해 졸업할 학생이라 생각하고, 2학기 2회고사가 끝난 주 토요일에 졸업생들의 수학클리닉 캠프를 계획했다.

❖ **수학클리닉 캠프 – 선후배 멘토링 운영방법**

수학클리닉 캠프–선후배 멘토링 계획 과정	관련 내용
1. 수학클리닉 캠프 주제 정하기	• 수학학습의 필요성과 수학공부 방법
2. 졸업생 섭외	• 전년도 졸업생(이과, 문과) • 졸업예정자(이과, 문과)
3. 섭외 졸업생과의 협의회	• 사전 행사 취지 설명 • 강의 원고 제출일 협의
4. 재학생 수학클리닉 캠프 참가 신청서 받기	• 제한 인원 있음 • 신청서에 자신의 수학공부에 대한 고민과 질문을 작성하게 하여 참가자를 선발
5. 수학동아리 학생 캠프 역할 나누기	• 캠프 운영 장소 환경정화(청소, 책상정리) • 캠프 시작 전 준비물 챙기기 • 캠프가 끝난 뒤 마무리 정리 활동

선후배 멘토링은 섭외된 졸업생들이 클리닉 내용이 겹치지 않게 서로 협의하여 정할 수 있도록 했으며, 전체 강연과 섭외된 졸업생별 교실을 달리하여 질의응답 시간을 갖도록 계획했다. 2회고사가 끝난 주말임에도 아침 일찍 등교하여 졸린 눈을 비벼가며 숨죽이고 선배들의 이야기에 귀를 기울이는 아이들이 대견하기도 했지만, 후배들을 위해 후배들의 수학 모의고사 성적을 학교에 문의하여 분석해 오고, 수능기

출문제를 분석하는 등 현재 아이들이 고민하는 내용으로 탄탄하게 구성하고 강의하는 모습은 감동 그 자체였다.

"캠프 날짜가 시험 끝나고 바로 다음 날 주말이라 신청을 안 하려고 했지만, 토요일 아침의 꿀잠을 포기하고 와서 듣는 선배님들의 강의는 그만한 가치가 있었다. (중략) 이 강의를 통해서 수학 모의고사 대비를 어떻게 해야 하는지 알게 되었고, 모의고사 공부 갈피를 못 잡던 나에게 큰 도움이 되었다. 캠프를 계획하고 권유해주신 강은주 선생님께 감사드린다."

"수학은 내가 제일 싫어하고 못하는 과목이다. 2학년 들어와 공책 2권이 전부 새까매지도록 수학을 공부했다. 풀고 또 풀고를 반복했지만 성적은 만족스럽지 않았다. 수학에 대한 고민은 시간이 지날수록 커져갔고 자괴감에 빠졌다. 선배들이 자신의 수학공부법을 알려주는 프로그램이 있다기에 곧바로 신청했다. (중략) 수학클리닉 강의를 듣고 수학공부를 어떻게 해야 할지 그 방향을 잡게 되었다."

3. 수학 문집이 나오던 그날

시험 끝난 뒤 자신의 시간을 온전히 수학 문집 만들기로 보내고 각자 수학동아리 활동에 대한 소감과 문집에 실을 글들을 작성하여 나에게 보냈다. 나 또한 수학 문집에 실을 글을 적으며 감사하고 또 감사한 그날들이 떠올랐다.

"(중략) 다양한 수학활동을 통해 모인 값진 결과물을 편집하여 다시 돌아볼 수 있는 기회가 생겨서 너무나 영광스럽습니다. (중략) 2년간 수학동아리 부장을 맡으면서 우리 ○○고등학교의 수학활동 변천사를 지켜본 저는 정말 많은 분께 감사함을 느낍니다. 특히, 함께 고생한 우리 동아리 친구들, 다양한 활동에 참여해준 친구들, 그리고 이러한 모든 것들을 가능하게 해주신, 우리 학교 수학의 가장 큰 기둥이 되어주신 강은주 선생님과 뒤에서 지원해주신 선생님들께 감사드립니다." – 수학동아리 부장 김○○

혼자서 시작한 수학동아리 활동이지만 내 손이 미처 닿지 않는 빈 곳은 채워주고 함께 만들어주는 아이들이 있어 늘 든든하고, 더 열심히 할 수 있는 원동력이 되었다. 작지만 한 걸음 또 한 걸음, 알아주는 이가 없더라도 함께해주고 알아주는 아이들이 있는 한 도전해볼 만한 일이다.

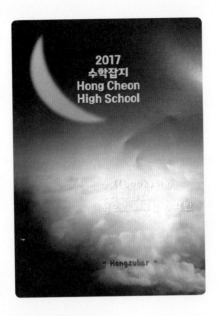

Episode

교실 밖
수학 이야기

4

Fun & Beautiful Math Maker 탄생

'수리샘' 교내 수학동아리

2010년 11월 '수리샘'이라는 교내 수학동아리가 탄생하게 되었다. 2011년부터 학생들이 수리샘 운영을 시작으로 지금까지 활동을 이어 오고 있으며 매년 운영하는 수학나눔학교[7]의 주축 역할을 한다.

수학동아리 학생들이 활동해온 내용을 소개한다.

'수리샘' 교내 수학동아리의 활동은 매년 3월 14일 '파이데이 행사' 준비부터 시작한다. 점심시간에 잠깐 진행하는 행사라서 관심이나 있으려나 했는데 "저게 무슨 줄이고? 이야, 장관이다~!"라고 내다보는 고등학교 선생님들도 계셨다. 그 이유는 학생들이 운동장을 가로지르

---

7. 한국과학창의재단 ASK MATH 사이트 〉 수학자료실 〉 수학나눔학교 운영 우수 사례

활동명	세부 내용	운영 시기
파이데이 행사	• 원주율 관련 수학자와 파이데이 기원 포스터 전시 • 원주율 퀴즈 돌림판 • 원주율에서 생일, 기념일 찾기 • 풍선을 터트려 원주율 문제 풀기 • 던져라~! 파이 : 3.14m 지점 원에 신발 던져 넣기 • 파이 러닝맨 : 교내 숨겨놓은 종이 힌트를 찾아서 문제 해결 • 발자국으로 원주율 계산하기 • 3.14초에서 멈추기 • 파이 디자인하기 • 원주율 삼행시 짓기	3월
수학 체험기관 견학 활동	• 군포수학체험관, 리움미술관, 국립중앙박물관 • 국립중앙과학관 수학문화축전, 강원 과학고등학교 • 강원 수리과학정보 체험센터 • 북원여중 수학축제 참가	행사 없는 달
수요일 N 수학	• 매주 수요일에 수학 퀴즈를 게시하고 소정의 상품을 지급	상시
수학 버스킹	• desmos로 박물관 도난사건 해결하기 • 스피로그래프로 손거울 만들기	행사 없는 달
수학나눔한마당	• 수학 용어 스피드게임 : 2인 1조로 참가 • 수학 UCC 만들기 : 수학 UCC 즐감한마당 기획 의도 발표 및 감상 • 수학 디자인 한마당 : 수학 포스터, 수학 만화, 수학 엽서, 수학 신문 만들기, 수학 시 짓기 • 수학 보드게임 한마당 : 고등학교 학생 봉사 도우미 활용 • 수학 탐구대회 : 교내 시설을 활용한 실생활 탐구 문제 해결 • 스틱밤 디자인 한마당 • 수학 독후감 쓰기	7월 반일제

활동명	세부 내용	운영 시기
수학 캠프	• 관내 초등학생과 본교 학생 대상 • 테셀레이션 머그컵 만들기 • 나만의 디자인으로 수학 티셔츠 만들기 • 수학 보드게임 활동 • 이슬람 문양의 수학적 의미를 찾고 패턴 만들기	여름 방학
수학끼고 걷기 (Math Tour)	• 김유정역에서 레일바이크 타고 강촌역까지 거리-속력-시간 문제 해결과 퀴즈 활동 • 소양댐, 청평사를 오르면서 휴대폰 앱을 이용하여 기온, 높이의 대응표만들고 그래프 그리기, 피보나치수 자연 관찰활동을 하고 청평사에서 소슬금과 무게중심 수학 활동과 활동지 작성	5월
봉사 도우미 지원	• 강원 수학창의력 대회(초등) 봉사 도우미 활동 • 강원 진로 박람회 체험부스 운영	5월
강원수학축전 체험부스 운영	• 체험부스 2개씩 운영 • 수학 탐구대회 참가 : 도미노 대회, 구조물 대회	10월
산유제 수학체험교실 운영	• 매년 교내 축제에서 수학체험교실을 운영 및 전시 활동	12월
수학의 달인	• 창의적 수학 문제 해결 대회	7월 또는 12월

면서 일직선으로 줄을 서기 때문이다.

여름방학 수학캠프에서 디자인한 수학 티셔츠를 보신 다른 학교 선생님께서 전문가가 만든 작품 같다고 당장 상품화해도 손색이 없다는 칭찬을 해주셨다.

관내 초등학교 학생들을 대상으로 재미나고 아름다운 수학이라는 주제로 여름방학 수학캠프를 3일간 운영했다. 우연히 방학 캠프에 참

던져라~! 파이(2012)

수학 티셔츠 디자인

석한 남학생의 어머니와 통화하게 되었는데 그 학생이 수학자의 꿈을 갖게 되었다는 말을 듣고 이러한 활동이 그냥 재미로만 끝나는 것이 아니라 학생들에게 긍정적인 영향을 준다는 것을 알게 되었다.

매년 참가하는 강원수학축전의 도미노 대회는 학생들이 사전에 수학적인 의미를 담은 구조물 디자인을 만들기 위해 몇 주에 걸쳐서 엑셀을 돌리고 실제 경합 크기에 맞춰서 수정을 거듭했다. 교실 바닥에 실제 대회 규모의 공간만큼 검정 종이테이프를 붙여서 도미노를 세워 보고 수정하기를 반복하면서 연습에 연습을 거듭했다. 교실 바닥이 평평하지 않아서 매번 도미노가 쓰러지다가 멈추기를 반복했고 마지막 연습 날까지 한 번에 모두 쓰러지는 모습을 보지 못했다. 그런데, 축전 당일 도미노가 한 번도 멈추지 않고 끊김 없이 마지막까지 잘 넘어져 학생들이 대만족했다.

강원수학축전의 체험부스 운영 중 가장 기억에 남는 코너는 '프랙탈 램프 만들기'다. 학생들이 사전에 '프랙탈 나무 키우기', '팝업카드 만들기', '프랙탈 램프 만들기'[8] 등의 프랙탈 배움 활동을 했다. 그리고 축제

수학 체험부스 운영

도미노 대회

재료 준비를 하느라 거의 한 달을 고생했는데 준비해간 200여 명분의 재료는 하루 만에 모두 소진되었다. 게다가 자리가 없어서 다른 교실 의자를 가져오고, 초등학생에겐 어려워서 부모님이 대신 하기도 했다 (초등학생은 대상이 아니었음).

수학 끼고 걷기

수학으로 세상 보기의 일환으로 '수학 끼고 걷기' 프로그램을 운영 했다.

'수학 끼고 걷기' 첫 번째 프로그램은 레일바이크를 타고 김유정역 에서 출발하여 바람을 가르며 강촌역으로 달려가며 하는 수학활동이 다. 학생, 학부모, 교사가 참여하여 4명이 한 조로 거리-시간을 측정하 고 속력을 구하는 수학활동을 실제로 해보았다. 원래는 전체 구간을 대상으로 했으나 측정이 이루어지는 지점이 각 조마다 달라 측정도 연

8. 2017 창의공감교육 정책연구 강원도 자유학년제 운영 모델 개발 '수학 예술이 되다! 프랙탈', 강원도교육연수원 원격직무연수 '생각이 빵 터지는 웃어라! 수학' : 커팅기 활용과 수업사례

강촌 Math Tour 학부모님과 함께(퀴즈)

습이 필요하다는 것을 깨달았다. 중간 정차역에서는 기차, 강촌역 놀이 기구와 관련된 퀴즈활동을 했는데 참가자들 중에 학부모님들의 반응 이 가장 적극적이어서 다들 놀라기도 했다.

'수학 끼고 걷기' 두 번째 프로그램은 동아리 학생들과 학교를 벗어 나 매년 소양강댐과 청평사를 방문하여 수학의 눈으로 탐색하고 활동 지[9]를 작성하는 활동이다. 이 프로그램을 구성하게 된 이유는 춘천의 주요 시설이나 유적 등을 잘 모른다는 것에서 출발했다.

소양강댐에서 교과서에 나오는 방유량 문제를 소양강댐 상황에서 대응표를 만들고 그래프를 그리는 활동을 한 차례 하게 된다. 5월에 실시되므로 1학년 학생들은 선배들의 설명을 들으면서 따라 해본다.

청평사를 가는 여정에서 휴대폰 앱으로 온도와 높이(고도)를 측정하 고 기록하여 대응표를 만들고 절에 도착하여 만들어놓은 대응표를 보 고 그래프를 완성한다. 역시, 1학년 학생들은 선배들의 도움을 받아서

9. 밴드 '수학 체험활동'에 활동지 공유

피보나치수 관찰(고사리)　　　　　　　　종이 자로 계단 측정하기

활동지를 채워나간다.

　다른 활동으로 청평사를 향해 오봉산을 오르면서 피보나치수를 찾아 사진 찍고 기록하는 자연 관찰 활동이 이어진다. 청평사에 도착해서는 역사 선생님(또는 관광해설사)의 설명을 듣고 수학활동을 이어간다. 청평사 회전문 돌계단의 경사도를 종이 자로 수평거리와 수직거리를 측정하여 기울기를 구하는 활동을 하는데 계단마다 높이가 달라서 학생들이 당황했다.

　그리고 청평사 절집 단청의 소슬금 문양을 확인하고 사진을 찍는 활동을 한다. 사전에 소슬금과 무게중심 학습을 했으며 찍은 사진으로 활동지에서 무게중심을 확인하는 마무리 수학활동을 하게 된다. 산을 오르면서 힘들어하던 학생들이 피보나치수를 사용하여 과학 탐구 대회에 과제를 냈는데 입상하여 춘천시와 강원도 대표로 대전에 가게 되었다고 열심히 면접 시험 준비를 하던 기억이 난다.

Math Tour 활동지 작성

수학 끼고 걷기 활동지

교실 밖
수학 이야기

수학동아리 입문하기

수학동아리 꾸리기 위한 준비작업

자율 동아리는 이름처럼 학생들이 자발적으로 뜻을 모아 구성하는 게 일반적이지만, 수학 관련 자율 동아리는 학생들의 자율(?)을 기대하기가 어렵다. 그래서 교사가 수학동아리를 구성하고자 애써야 하는 것이 문제다.

첫 난관은 동아리를 하고자 하는 학생들을 모집하는 것부터다. 우선 수학동아리라고 하면 거부감이 커서 동아리 회원 모집 자체가 힘들기도 하고, 이렇게 저렇게 동아리 회원을 모집했어도 수학을 좋아하고 관심 있는 학생들을 모집하고자 하는 교사의 기대와 달리, 처음에는 수학 공부를 잘하는 또는 수학 성적을 올리고 싶은 한두 학생과 그 학생의 친구들이 모이는 형태로 구성된다. 그래서 필연적으로 동아리 회원 간에 수준차가 존재하게 된다. 이를 극복하기 위해서는 학생

들이 다 같이 즐겁게 할 수 있는 활동을 목표로 설정해서 동아리 일
년 계획을 세워야 한다.

활동 내용 구성하기

처음 수학동아리를 꾸려서 운영할 때는 교육과정의 창·체 활동 동
아리처럼 만나는 시간마다 다른 주제로 아이들과 활동을 했다. 하지
만 동아리 활동은 수업시간 내에 하는 것이 아니므로 방과 후에 아이
들과 시간 맞추기가 어렵고, 주제를 교사인 내가 정해서 매시간 운영
하려다 보니 아이들을 억지로 끌고 가는 것 같아 힘든 부분이 많았다.

그래서 아이들이 주체가 되어 할 수 있는 활동을 목표로 세워 동아
리 활동을 하면 어떨까 생각했고, 학교 내에서 학생들이 활동한 내용
을 보여줄 수 있는 기회가 축제였기 때문에, 축제 때 운영할 체험부스
에 관한 내용으로 주제를 정해 활동을 시작했다. 어떤 활동으로 부스
를 운영할지 고민하다 보면 무언가를 배워야 하니까 활동 주제가 자연
스럽게 정해지고, 배우고 가르치는 활동들을 해야 하니 학생들이 주체
가 되어 동아리 활동이 이루어지게 되었다. 그리고 활동 주제를 정할
때 도움이 될 수 있도록 동아리 학생들과 다른 곳에서 하는 수학축제
도 같이 가서 체험활동을 해보고, 활동했던 주제를 같이 연구해보면
서 동아리를 운영하는 데 많은 도움을 받았다.

시작이 반이다

동아리를 시작해야겠다고 맘을 먹고 난 다음부터는 이미 반은 성공이다. 그다음 해는 전 해에 활동한 학생들을 중심으로 동아리를 구성할 토대가 마련되어 있기에, 새로 영입할 학생들을 미리 포섭(?)하여, 학기 초부터 동아리를 구성할 계획을 잘 세워서 운영하면 된다.

매해 동아리 회원들이 바뀌기 때문에 활동에 부침이 있을 수 있고, 특히 지도교사가 학교를 옮기게 되면 동아리 활동이 흐지부지해지는 경우가 생기는 건 어쩔 수 없지만, 잠깐이라도 이렇게 인연을 맺고 수학 관련 활동을 하면서 아이들과 소통할 수 있는 것은 수학 교사로서 소중한 경험이다. 매번 학교를 옮겨서 다시 수학동아리를 꾸리는 것은 쉽지 않으나 아이들과 방과 후에 수학 관련 활동을 하며 관계를 맺는 것은 너무나도 보람된 일이기에 힘들어도 계속 할 수 있게 된다.

2019년 동아리 활동 소개

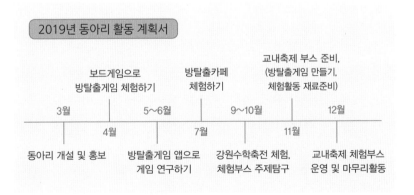

2부. 깊게와 넓게 사이_교실 밖 수학 이야기 187

　방탈출게임이 보편화되어 아이들에게 친근한 상황이라 그 해 주제를 방탈출게임으로 정해보았다. 방탈출게임을 연구해보고 실제로 방탈출게임을 만들어 축제에서 부스운영을 해보자는 계획으로 동아리를 모집했다.

1. 보드게임으로 방탈출게임 체험하기

　방탈출게임을 연구할 때 제일 먼저 한 것은 이스케이프룸 보드게임이다. 방탈출게임을 경험하지 못한 학생들을 위해 먼저 방탈출게임을 체험해보게 하려고 보드게임을 이용했다. 모둠을 나누어 게임을 진행했고, 게임의 진행상황에 따라 보상을 해주었다. 서로 주어진 단서를 가지고 해결의 실마리를 찾아가는 데 집중하는 모습을 관찰할 수 있었다. 그리고 게임 후에 각자 기억에 남는 해결방법을 이야기 해보고 게임해결과정에서 수학개념을 찾아보는 활동을 했다.

2. 방탈출게임 앱으로 게임 연구하기

보드게임에서 찾은 수학 관련 문제들을 정리한 후 바로 방탈출게임을 구성하기에는 많이 부족해보여 방탈출게임 앱에서 문제를 해결하며 문제 아이디어를 얻을 수 있게 했다. 3차시 정도로 진행했고 자신이 찾은 문제들을 서로 공유하면서 방탈출게임을 어떻게 구성해야 할지 체계화하는 데 도움이 되었다.

3. 방탈출카페 체험하기

방탈출 체험부스를 구성해보려면 직접 체험해보는 것이 중요하므로 1학기 마지막 활동으로 방탈출카페를 방문했다. 그동안 갈고 닦은 실력을 맘껏 펼쳐볼 기회여서 학생들이 너무 기대한 활동이었다. 방탈출을 하는 것이 쉽지 않았지만, 제한 시간을 몇 분 남겨두고 극적으로 탈출에 성공해서 좋아하던 아이들의 얼굴을 잊을 수가 없다.

4. 교내축제에서 방탈출게임 체험부스 운영하기

그동안 열심히 갈고 닦은 실력을 보여줄 기회로 교내축제에서 체험부스로 방탈출게임을 운영했다. 막상 실제로 중학교 수학개념을 이용하여 게임을 구성하게 하니 정교한 문제를 만들어내는 데에는 어려움이 있었지만 좌표와 순서쌍을 이용하여 재치있는 문제를 만들어냈다. 부스 운영 상 시간과 인원제한이 있어 미리 예약을 받아 운영했다.

수학동아리의 매력

수학 교사들에게 수학동아리는 또 다른 업무이고 내 시간을 쪼개서 운영해야 하는 부담이 있다. 그래서 쉽게 도전하기 어렵다. 무엇보다 배워야 할 것이 많은 우리 아이들에게는 여유시간이 없다. 그리고 어쩌다 생긴 여유시간조차 아이들의 흥미를 끌 만한 재미있는 것들이 주변에 너무 많아, 배움으로 아이들의 관심을 끌기엔 힘든 부분이 있다. 하지만 친구들과 무언가를 하면서 성취하는 과정을 경험해본 학생들은 그 경험이 정말 값지다는 것을 안다.

나 또한 학창 시절에 동아리 활동하면서 경험한 것들이, 그 성취감이, 내가 무언가를 할 때 정신적인 자양분이 된다는 것을 경험했다. 그래서 더욱 학생들이 이런 경험들을 해보기를 바랐고, 내 시간을 쪼개어 아이들과 만나려고 그리 애쓴 모양이다.

그리고 개인적으로는 학생들과 관계를 맺고 좀 더 가까운 거리에서 아이들과 소통하는 시간이 너무 즐거운 경험이었다. 내 몸이 내 맘이 이런 즐거움을 기억하는 한 앞으로도 계속 시도할 것이고 그렇게 아이들과 진정한 만남을 이어가고 싶다.

교실 밖
수학 이야기

세상 속 수학의
아름다움을 접하다

직선에서 곡선의 아름다움을 찾아라,
'스트링아트' 연작(시리즈) 활동

2012년부터 융합수업에 관심을 가지고 수학을 활용한 다양한 디자인 만들기를 시도하던 중 만난 스트링아트. 직선을 팽팽하게 연결해 아름다운 곡선을 만들어낸 나움가보의 스트링아트 작품은 나에게 신선한 충격이었다.

5년 동안 적용한 스트링아트 수업자료들을 한 번의 체험활동이 아닌 시리즈로 엮어내고 싶었고, 우연히 만들어내는 디자인이 아니라 원리를 찾아내어 학생 스스로 원하는 디자인을 만들 수 있도록 하고 싶었기에 스트링아트를 주제로 하는 긴 숨의 자유학기제 동아리 수업을 시도했다.

❖ 스트링아트 연작활동 수업 주제

차시	주제	활동 내용
1~2차시	A4용지에 그리는 스트링아트	각에 따른 스트링아트 디자인 변화, 다양한 도형 스트링아트 디자인
3~4차시	마분지에 하는 스트링아트 디자인	마분지에 송곳으로 구멍 뚫기, 다양한 실로 바느질하듯 스트링아트 작품 제작
5~6차시	컴퓨터로 하는 스트링아트 디자인	GSP, 지오지브라, 알지오매쓰 등을 사용해 컴퓨터 스트링아트 디자인
7차시	스트링아트 티셔츠 디자인	컴퓨터로 작업한 스트링아트 인쇄 후 티셔츠 디자인
8~9차시	원목 스트링아트	나무판에 못 박기, 자수실을 사용하여 못에 감아가며 스트링아트 작품 제작

1-2차시 시작은 종이에 직접 그려보는 스트링아트 디자인 수업이다. 다양한 도형 안에 30cm 자를 대고 끊임없이 직선을 그으며 곡선을 찾아보자 하니 짜증을 내는 학생이 나온다. 하지만 다른 친구들이 직선을 긋고 있는 모습을 보며 다시 선을 긋기 시작한다. 오랫동안 반복 작업을 하고 나자 원리를 깨닫는 아이들이 하나둘 생겨난다. 원하는 디자인이 이것이 아니라며 다시 새로운 종이에 직선을 긋는 아이도 있고, 원리를 찾기보다 아름다움을 추구하여 자가 얼룩덜룩해질 때까지 다양한 색을 활용하기도 한다. 마지막에 만들어진 나만의 작품에 제목을 정해 발표하는 시간을 갖는다. 작품마다 독창적인 아이들 각자의 개성이 느껴지는 듯하다.

3-4차시 종이에 많은 선을 그어보아 이제 조금은 스트링아트에 대

해 감을 잡은 듯싶으니 단계를 높여 '검은 마분지에 스트링아트 디자인하기'를 진행했다. 마분지의 색이 여러 가지이니 검은 색 외에 다양한 색의 마분지를 사용해도 좋을 듯싶다. 검은 마분지에 송곳으로 구멍을 뚫고 바느질하듯 선택한 실을 꿰어가며 만드는 나만의 곡선 작품. 처음에는 두꺼운 털 색실을 준비하여 색에 따라 작품을 표현하도록 안내했는데, 몇몇 아이들은 털실이 맘에 들지 않는단다. 학생들의 말대로 실의 종류를 달리하면 질감과 굵기에 따른 다양한 느낌의 작품이 나올 것 같아 추가로 자수실, 나일론 실도 준비했다. 수업에 들어가보니 아이들이 집에서 직접 가져온 실까지 보태지면서 교실은 독창적인 디자인 작품들로 가득 찬 미술관으로 변했다.

5-7차시 이제 손이 고생하는 선긋기, 실꿰기는 그만~ 컴퓨터 프로그램을 활용하면 마우스 조작 몇 번만으로 빠른 시간에 원하는 작품을 만들 수 있어 효과적이다. 물론 프로그램 활용법을 익히기 위한 연습시간은 필수이므로, 본격적인 스트링아트 디자인을 시작하기 전에 점, 선, 면, 자취, 애니메이션을 활용한 도형 그리기 수업을 1시간 구성했다. 학생들은 이 좋은 걸 왜 지금 알려주었냐고 투정을 부리며 마우스를 조작해 직선을 그려 원하는 곡선을 만든다. 컴퓨터에서 만들어 낸 작품은 색과 선의 두께를 마음대로 조절할 수 있어 손으로 만드는 것과는 달리 세련된 느낌이 든다. 학생들이 만든 작품을 활용하기 위해 세상에서 하나뿐인 자신만의 수학티셔츠 디자인하기 수업을 함께 구성했다. 크기와 모양을 다양하게 구성한 작품을 전사지에 인쇄하고, 인쇄한 디자인을 오려 티셔츠 위에 한 땀 한 땀 붙인 후, 다리미로

열을 가하여 스티커 떼듯이 떼어내니 하얀 티셔츠 위에 작품이 새겨진다. 처음 해보는 작업인데 학생들의 표정은 너무 진지하고, 티셔츠는 판매해도 될 정도로 예쁘다. 그렇다면 여기서 그만둘 수 없지. 스스로 만든 티셔츠를 입고 디자인을 설명하는 프레젠테이션과 패션쇼를 기획했다. 부끄러워 고개를 못 들고 런웨이를 걷는 학생도 있었지만 배경음악, 전등불과 손전등의 조명, 친구들의 박수 소리로 가득 찬 소박한 교실 패션쇼를 학창 시절 아름다운 수학 수업의 단면으로 기억하기를 진심으로 바란다.

8-9차시 2019년, 북유럽 스타일의 원목 스트링아트가 홈디자인 반제품으로 나올 만큼 인기를 끌었다. 그렇다면 우리도 목판 위에 스트링아트 디자인을 시도해보자.

목판을 나누어주고 나니 교실에 나무 향이 가득하다. 목판 위에 원하는 도형 도안을 붙이고, 도형의 점에 해당하는 부분에 망치로 못을 박으라고 안내하니 교실이 흔들릴 정도로 신나게 망치질을 한다. 대부분의 아이들이 망치질은 처음이라 했지만 시간이 흐르니 리듬을 만들며 스트레스 풀듯 망치질을 한다. 못을 다 박으면 선택한 자수실을 못에 감아 자신만의 스트링아트 작품을 만든다. 새순처럼 꽃처럼 나무판 위에 아이들의 마음이 하나둘씩 피어난다.

수업을 처음 할 때는 단순한 놀이로 시작했지만 아이들의 생각 위에 반복되는 패턴이 더해지며 스토리가 담긴 작품이 만들어졌다. 스트링아트 연작수업을 통해 아이들의 마음속에 세상 속 수학의 아름다움이 새겨지길 희망한다.

종이에 그리는 스트링아트

검은 마분지와 털실

검은 마분지, 나일론실

티셔츠에 작품 붙이기

디자인 발표회

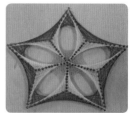
목판, 자수실

❖ 스트링아트 연작활동에 덧붙일 수 있는 기타 수업 주제

소요시간	주제	활동 내용
1~2시간	입체도형 스트링아트	폼보드로 입체 디자인 일정한 간격으로 칼집내어 실로 연결
1~2시간	정육면체 만화경 만들기	아크릴 거울(3장)에 송곳으로 그리기, 6개의 거울로 정육면체 만들기, 송곳으로 그려진 거울에 셀로판지 붙이기
1시간	스트링아트 반제품	스트링아트 드림캐쳐, 스트링 매쓰포켓

3

냉정과 열정 사이

수학 교사 성장기

교사도 멘토가 필요해 :
오작교 = 멀티비타민

교사 성장기
- 강은주

나는 살아 있는 교실을 꿈꾸고 그 안에서 배움의 즐거움을 느끼는 아이들이 많길 바라는 마음으로 수업을 준비한다. 그리고, 수업 전후에 늘 나의 수업을 돌아보며 성찰한다. '지금 내가 잘 가르치고 있는 건가?', '이런 수업 방법이 아이들에게 도움이 될까?', '어떻게 하면 아이들이 수학을 싫어하지 않고 재미있어할까?' 등. 그러나 그렇게 수없이 많은 질문을 했지만 혼자서는 답을 얻기가 어려웠다.

고민이 많은 만큼 기회가 있을 때마다 교과와 관련된 연수를 찾아서 듣고, 연수에서 배운 내용을 수업에 적용하며 나의 수업에 스스로 면죄부를 주고 있던 2017년에 오작교를 만났다. 서로 즐겁게 수업나눔을 보조하고 지지하는 오작교 선생님들을 보며 '나도 저 공동체에 들어가고 싶다'는 생각을 했다. 연수가 끝나고 우연인지 필연인지 오작교 선생님들의 단체 사진을 부탁받아 찍게 되었다. 그리고 지금은 그 사진 속에 내가 들어가 있다.

나 혼자서 '교내 수학 캠프', '중·고 연계 수학 멘토링'을 계획하고, 내가 잘할 수 있을까? 싶어 불안에 떨리고 걱정되는 마음으로 오작교 선생님께 조언을 구했을 때가 기억난다. 부끄러운 나의 계획서를 보고 선생님께서는 "어쩜 너무 좋은 생각이다! 계획서 좋은데…. 내가 뭐 도와줄 건 없어?"라며 칭찬뿐만 아니라 선뜻 도우미를 자처하셨다. 나에게 오작교라는 든든한 지원군이 생긴 것이다. 이것을 시작으로 나는 자신감을 얻게 되고, 교사 연수에 강사 활동을 하는 등 차츰 활동 범위가 넓어졌다.

그 결과 2019년에 '자유학기 수업콘서트'라는 전국 단위 무대에서 수업 명장으로 '생각이 크는 수학 수업'이라는 주제의 강연을 하게 되었다. 강연에 대한 부담에 걱정이 앞섰지만, 오작교 선생님들의 조언과 지지로 걱정을 떨쳐내고 준비한 대로 무사히 마칠 수 있었다.

가끔 주변에서 다른 선생님들이 '연구회 활동 힘들지 않냐?'고 묻는다. 하지만 이건 모르고 하는 말이다. 오작교 활동을 통하여 학교생활에서 오는 피로와 수업에 대한 고민이 해소되고, 에너지를 얻을 뿐만 아니라 다듬어지고 깊이가 있는 수학 교사로 성장하는 나를 발견하게 되기 때문이다. 내가 수학 교사로 성장하고 발전할 수 있도록 늘 칭찬과 격려를 아끼지 않는 오작교 선생님들처럼 언제가 나도 나의 후배 교사에게 자신의 것을 나눌 수 있고, 욕심 없이 후배의 성장을 지지해주고 발판을 마련해줄 수 있는 좋은 멘토가 될 수 있으면 좋겠다.

느림보 교사의
성장 발현기

교사 성장기
- 김경희

2

전국수학 교사모임, 제1회 MF 참여를 시작으로 매년 수학 수업과 교육과정 및 수학체험활동 그리고 Math Tour로 꾸려지는 전국수학 교사모임 MF를 참여해왔다. 고등학교에 근무할 때는 나도 저런 활동을 수업시간에 해보면 좋겠다고 생각만 했을 뿐 아무것도 한 게 없다고 생각했다. 그런데, 지금 그당시 제자들을 만나 그때를 회상하면서 수업 이야기를 들어보니 수업시간에 좀 더 학생들에게 이해하기 쉽고 잘 전해지는 설명을 해주었다는 것을 알게 되었다. 나도 모르는 새에 내적 성장이 이루어지고 발현된 것이다.

중학교에 근무하게 되면서 수업시간에 여러 가지 다양한 활동 수업을 해볼 수 있을 거라 생각했는데 그 당시 학교 수업 환경은 이를 수용할 만큼 그다지 긍정적이지 않았다. 그래도 언젠가는 학교 선생님들과 이런 수업을 해볼 수 있으리라는 막연한 기다림을 가지고 가끔은 지치고 또, 굳이 이런 걸 해야 할까? 하는 갈등과 유혹을 겪으면서, 연수를 듣고 내 수업에서만 조금씩 변화를 주어보고 수학동아리 활동도 꾸준히 해왔다.

2015년 그 해는 메르스가 유행하여 정신없는 가운데 무릎 부상으로 불편을 겪은 내게는 참으로 비운의 해였다. 수학나눔학교 신청을 다음 해로 미루어야 했고 영국으로 유학 간 제자와의 만남도 불발되었다. 하지만, 2차 수학교육 종합계획 발표로 수학클리닉 연수, 통계 교육, 수학나눔지원단 등 전국 연수를 받게 되었으며 때마다 연구회 선생님들을 만나면서 우리 만남을 꿈꾸게 되었다. 이때부터 오작교의 싹이 트기 시작한 것이다.

다른 교과 선생님들이 팀으로 연수에 참가하여 무언가를 공유하고 나누는 모습이 너무나 부러웠고, 같은 생각을 나누고 같은 곳을 향해 나아가는 모임, 수학 교사들의 모임을 오랫동안 꿈꾸고 고대하던 긴 기다림이 지나고 2017년 드디어 '오늘도 작은 한 걸음을 시작하는 수학 교사 모임 오작교'가 꾸려졌다. 우와 신난다! 나의 호기심을 채워주고 수학이면 수학, 수업이면 수업, 인생이면 인생, 실시간으로 상담이 가능한 빅데이터 장착. 챗봇 오작교, 각종 연수를 운영하고 수업나눔을 통해 피드백을 받고 재설계를 통해 더 나은 수업 디자인을 해보는 나로 성장하고 있다.

나의 힐링센터 오작교, 나의 든든한 버팀목 오작교와 함께 나는 오늘도 꿈을 꾸고 성장해간다.

실패해도 괜찮아

Episode

교사 성장기
- 김선미

교직생활을 시작한 후로 줄곧 나의 수업방식이 맞는지, 학생들을 위해서 어떻게 수업하면 되는지, 고민하며 해답을 찾기 위해 노력해왔다. 수업을 바꾸고 싶다는 생각으로 협동학습, 프로젝트수업, 배움의 공동체 등 교육현장에서 이슈가 되는 내용과 관련된 연수를 듣고 수업에 시도해보지만, 나의 무모한 도전은 매번 실패를 맞이했다. 실패를 당당하게 받아들이고 내 수업을 온전히 바라보며 새로이 시도해야 했지만 나는 그러지 못했다. 그렇게 시행착오를 반복하며 제자리걸음을 하고 있을 때 내가 변해야 할 이유가 생겼다.

자유학년제, 기존의 수업과는 다르게 접근해야 하는 새로운 교육과정으로, 학생참여형 수업, 진로교육, 과정형 평가 등 기존의 교육방식에서 벗어나 새로운 방법으로 수업에 접근해야 했다.

나는 이제 나의 실패와 온전히 마주해야 했다. 그동안 시도해보려는 수업들이 이제는 교실에서 아이들과 해야 할 수업이 되었기에. 실패를 딛고 일어나 내 실패를 마주하려 할 때, 나와 비슷한 고민을 가진 사람들을 만나게 되었다. 그동안 정말 갈망하던 상황, 나의 수업 이야기에 온전히 귀 기울여주는 사람들과 새롭게 도전해본 수업에 관해 아이디어를 나눌 수 있는 상황을 꿈꿔왔는데, 드디어 나에게 그런 행운이 찾아온 것이다. 오작교는 그렇게 나에게 새롭게 도전할 용기를 주었다.

2017년부터 자유학년제 수업을 맡아 그동안 시행착오를 겪으며 시도해보려던 학생활동이 중심이 되는 수업들을 다시 한번 용기내어 도전해보았다. 오작교 선생님들과 함께 나눌 수 있었기에, 새롭게 도전하는 수업에서 실패를 했지만 받아들이고 나의 수업을 있는 그대로 바라보며 다음 수업을 준비할 수 있었다. 연구회 모임에 수업 고민을 가져가면, 자신의 일처럼 같이 고민해주고 부족한 부분을 채워주셨다. 그리고 수업나눔을 통해 다른 분들의 수업을 따라해보고, 수업을 하며 생겨난 고민들을 나누며 수업을 다듬어가며 나의 수업을 바꿔갔다.

나는 자유학년제를 겪으면서 내 실패와 마주해야 했고, 내 실패를 같이 나눌 좋은 사람들을 만나 여기까지 왔다. 실패해도 괜찮다고 스스로를 위로하며 학생들을 위한 수업을 고민하고 시도해온 시간들이 나를 어제와 다른 나로 성장시키고 있음을 알기에 오늘도 실패 앞에 마주선다.

유(有)에서 유(有)로
발전하는 수업

episode

교사 성장기
— 김수희

교직 20년 차가 훌쩍 넘었는데도 처음 만나는 아이들에게 꼭 맞는 공식은 나에게 없다. 새로운 상황에 맞닥뜨릴 때마다 '괜찮아! 시간을 두고 생각해보자' 하고 다독인다. 수업도 그렇다. 같은 수업도 해마다 반마다 달라 모방과 변화를 계속하고 있다. 오작교 선생님들의 장점은 수업을 공유하며 유(有)에서 훨씬 더 나은 유(有)를 창조한다는 것이다. 무(無)에서 유(有)를 창조하는 것만 가치 있는 것이 아님을 깨달았다. 서로의 수업을 이야기하고 다른 선생님들의 연수를 듣고 "아! 좋다! 저 수업 해봐야지!" 하고 결심하는 경우가 한두 번이 아니었다. 하지만 막상 학교에서 수업에 들어가면 옛날 그대로….

그런데 오작교 선생님들은 연수를 듣고 바로 수업을 하고 소감과 어떻게 하면 더 좋은 수업이 될지 이야기한다. '나도 따라 해보자. 할 수 있어!' 용기를 가지며 선생님들의 응원 속에서 한두 개 실행하게 되었다. 모든 것이 성공은 아니었지만 아이들에게 새로운 수업 방법을 제공하고 그 안에서 수학을 발견해나가는 모습에서 경험을 축적한다. 완벽하게 준비해놓고 수업을 해야 한다는 생각이 없어졌다. 실패에 대한 두려움도 없어졌다. 마음에 들지 않는 수업을 하면 실패라 명명하고 무엇을 바꿔야 할지 고민하고 선생님들에게 이야기한다. 그러면 대안이 하나씩 나온다.

오작교 연구회 활동은 나의 교직생활에서 터닝포인트다.

교사들끼리의 협력을 배웠다. 학급운영에 좋은 아이디어를 가진 선생님들, 수업 속에 배움이 있는 선생님들의 학급경영과 수업에 대하여 질문하고 적용하며 나의 수업이 다른 선생님들에게 적용할 사례가 되기도 하며 서로 피드백하는 일련의 과정을 겪으며 관계와 소통의 중요성을 깨닫는다.

피카소의 연습 그림이 생각난다. 벨라스케스의 〈시녀들〉을 습작한 58장의 작품. 내가 보기에는 똑같지만, 피카소 입장에서는 다른 무언가가 있을 58장의 그림들…. 58번을 그리면서 지금의 피카소를 있게 해준 굉장한 발전과 깨달음이 있지 않았을까? 나도 오작교 선생님들의 수업 습작에서 출발한다. 보고, 느끼고, 배우며 조금은 다른 나만의 가치 있는 수업을 만들어가려고 노력한다.

작년 이맘때쯤 고미숙 님의 《읽고 쓴다는 것, 그 거룩함과 통쾌함에 대하여》라는 책을 알게 되었다. 책에 공감을 느껴 유튜브에서 저자 특강을 찾아 들었다.

읽었으니 써라!

읽었으면 써야 한다. 읽기와 쓰기는 동시적이다. 읽기만 하고 쓰지 않으면 읽기는 그저 정보로 환원된다. 그 정보는 아무리 원대하고 심오해도 결코 존재의 심연에 가닿을 수 없다. 책이 신체와 접속, 감응하여 '활발한 케미'가 일어나는 것이 쓰기다. 책의 원형이자 모태인 나무는 말한다. 부디 읽어라! 그리고 읽었으면 써라!

이 내용을 보고 '아! 쓰고 싶다~ 읽고 수업하고 느끼면 써야겠구나' 하고 생각한다. 그리고 오작교가 나에게 이렇게 기회를 준다.

자, 써보자! 잘 써보자! 배웠고 실행했고 느꼈으니 잘 써보자. 나와 우리 오작교 선생님들의 말이 필요한 사람들에게 힘이 되도록 해보자! 나 스스로에게도 말한다. 실패 경험은 나를 더 발전시킬 수 있는 기회라고.

오늘보다 나은
내일을 위해

Episode

교사 성장기
- 김한나

5

2017년 9월 1일 수학교사로서의 삶이 시작되었다. 간절한 마음으로 수학 교사가 된 열정 가득한 신규교사로서 나는 학생들에게 교과적으로 많은 것을 알려주고 싶었다. 그런데 평가를 치를 때마다 기대에 못 미치는 결과를 보며 수업에 대한 고민이 차츰 늘어갔다. 근무하던 곳은 수학 교사는 나 혼자뿐인 소규모 학교라서 주변 선생님들께 도움을 받는 것조차 어려웠다. 그러던 어느 날 교무부장님의 제안으로 '강원 수업나눔 한마당'에 참여하게 되었다. 당시 뚜벅이인 나에게 꽤 먼 길이었지만 그 여정은 나의 삶에 큰 자극과 영향을 주게 되었다. 왜냐하면 그곳에서 오작교와의 첫 만남이 있었기 때문이다. 그리고 그날 나는 '오작교 선생님들 옆에 딱 붙어 있어야겠다'라는 다짐을 하게 되었다.

'수업나눔 한마당'에서 오작교 선생님들의 수업을 경험하고는 '수학을 이렇게 수업할 수도 있다고?' 하며 충격받은 걸 잊을 수 없다. 수업 나눔에 참여했다는 이유 하나만으로 다양한 수업자료를 선물처럼 얻은 기쁨은 말할 것도 없었다. 신규교사인 나에게 이곳저곳에서 연수 강사로 활동하시는 오작교 선생님들은 노련하고 완벽해 보였다. 그런데 선생님들과 주기적으로 수업나눔을 하게 되면서 경력이 20년~30년이 넘으신 선생님들이지만 지금도 다른 분들의 수업을 통해 배우고, 자신의 수업에 대해 늘 고민하고 연구한다는 것을 알 수 있었다. 이런 모습을 보며 나 또한 수업에 대해 반성하고 고민하며 성장해야겠다는 생각을 하게 되었다.

매 학기마다 나의 목표는 '새로운 수업을 하나 구성해보자'이다. 학기마다 새로운 수업을 구성하고 이것이 점차 누적되면 나의 수업 재료들이 많아질 것이라는 바람에서 정한 목표다. 공개수업이 나의 이 목표를 달성하게 하는 가장 큰 자극이다. 사실 공개수업은 평상시의 수업을 공개하는 것이지만 나의 수업을 성장시키기 위해서는 공개 수업을 위한 수업 개발은 꼭 필요한 부분이다. 그래서 학교 내 수학과에서 혹은 학년부에서 공개수업을 할 교사를 찾으면 늘 내적 갈등이 있지만 참여하려고 노력한다. 공개수업은 수업을 고민하게 하고 새롭게 구성하게 한다. 준비하는 과정에서 동교과 선생님들이 함께 수업에 대해 고민해주고 학생들의 반응을 예측해주며 우리의 수업을 구성하는 과정이 내가 성장하는 데 큰 힘이 된다. 이처럼 나에게 수업의 성장이란 혼자서할 수 있는 것이 아니라 함께 나누고 고민하기에 가능한 것이었다. 앞으로도 오작교 선생님들을 비롯한 동교과 선생님들과의 수업나눔으로 오늘보다 나은 내일의 수업을 만들고 싶다.

박스 나르는 교사

교사 성장기
— 서재신

수학 교사로서 그동안의 나의 모습을 생각해본다.

창의적 산출물 대회 준비를 위하여 아이들과 밤 11시까지 함께 야근하던 그때. 심사발표 때 그동안의 생각에서 더 발전된 생각을 멋지게 발표해서 우수한 성적을 가져온 아이들.

학부모님 대상으로 자유학기 과정중심평가 수업 사례 연수 운영을 위해 오작교 선생님들과 맛소금 박스를 엘리베이터가 없는 3층 교실까지 옮기던 그때. 두 구멍을 뚫고 나온 맛소금을 보고 한 어머님께서는 "두 개의 뾰족한 산 사이에 계곡이 흐르는 느낌이에요"라고 두 원이 만드는 수직이등분선을 멋지게 표현해주시며 "제가 학창시절 이렇게 수학 수업을 배웠더라면 더 잘할 수 있었을 거예요"라며 수줍은 듯 솔직한 후기를 말씀해주실 땐 박스 옮길 때의 힘든 순간들은 다 잊었다.

자유학기 수업명장 강의를 시작하려는데 교감선생님과 연구회 선생님이 꽃바구니를 가지고 오셨을 때 느낀, 큰 강당을 꽉꽉 채우는 그 가슴 벅찬 감동. 내가 꼭 돌잔치의 주인공 아이가 된 듯했고, 먼길 나온 아이에게 엄마와 언니가 찾아온 느낌이었다. 강의를 준비하는 과정은 힘들지만, 나 혼자가 아니었다. 연구회 선생님들의 수업자료와 체험 자료도 강의실 한쪽에서 북새통을 이루던 기억이 있다.

교사함께성장 연수 중 신문 속 함수 찾기 수업을 위해, 여기저기 신문을 수소문하여 얻어와서 실습 샘플을 찾느라 신문을 여기저기 펼친 채 자료를 찾던 그때. 미사일 발포에서 이차함수를 찾아주시는 선생님, 신문 속 수학과 과학의 연결고리를 찾아 활동지를 채워주신 선생님. 누구나 함께 할 수 있는 융합수업을 소개할 기회를 주심에 감사한 마음이다.

모두가 집에 가느라 분주한 퇴근 길, 우리는 연구회 선생님 학교로 늦은 등교를 하고 학생 입장이 되어 수업나눔에 참여하고, 어둑어둑한 복도를 헤매다 학교 밖 커피숍에서 못다한 이야기를 하느라 시간을 붙잡고 싶었던 그때. 마치 티비 프로그램 인생극장 '수학 교사들의 하루'를 찍는 느낌이 들었다. 가정과 일과 연구회 일을 함께 하기는 쉽지 않지만 힘든 상황에서 의미있는 경험은, 그 보람과 배움은 2배 아니 10배로 나에게 도움이 되는 듯하다.

지금도 모두가 편안한 휴식을 취하는 주말. 우리는 책 마지막 작업을 위해 만남을 준비하고 있다. 작가라는 어려운 경험을 연구회 선생님들 모두 함께 하면서 그렇게 우리는 힘든 상황에서의 의미있는 경험으로 쑥쑥 또 성장해가고 있음을 느낀다.

분필 하나로 수업하던 수학 교사의 모습은 이젠 옛날 말이다. 수학

교사는 끊임없이 분주하게 나르고 옮기고 뛰어다녀야 한다. 흐르는 땀줄기와 함께 벅차오르는 보람을 한번 느껴보면 또 한번 그런 순간을 만들고 싶어진다. 중독인가? 모두 이렇게 함께 성장하는 기쁨을 누려보는 기회가 꼭 생기길. 아니 만들어보길 바란다.

다르게 살고 싶다면 다르게 노력하라

교사 성장기
- 원소연

2015년 3월부터 나는 수석교사로 활동을 시작했다. 수석교사로서 신규 및 저경력 교사들과의 멘토-멘티 활동을 위한 만남의 자리로 기억한다. 그날 학교생활 이야기, 수업 이야기를 나누던 중 '매일 아침 출근길에 오늘은 얼마나 좋은 수업을 할까 고민하는 것이 아니라, 어떻게 하면 좀 더 쎈 말로 제멋대로인 아이들을 통제할까' 고민한다는 한 신규교사의 말이 아프게 다가왔다. 교직 경력이 더해갈수록 아이들과의 간극은 더 벌어지고 그에 반비례해서 학생들을 이해하는 폭은 더욱 좁아지는 나를 느끼고 있던 터였기 때문이다. 또한, 학교에서 발생하는 각종 수업과 관련한 교사와 학생 문제 또는 교사와 학부모 갈등을 효율적으로 대처할 수 있는 '역량'을 수석교사가 강화해주기를 기대하는 상황도 내심 부담이었다. 그래서 겉으로 드러나는 활동보다는 내적인 밀도를 높이는 수업에 대한 고민으로 하브루타 수업, 융합 수업, 프로젝트 수업 등 다양한 교수법을 시도해보았으나 활동에 비례해서 학생들에게 기대한 것만큼의 배움이 일어나지 않는다는 자괴감에 빠져 있던 때이기도 했다. 이렇게 한동안 나는 수석교사 본연의 임무인 교내에서 동료 교사를 지원하는 활동도 제대로 해내지 못한 채 관리자도 평교사도 아닌 여집합으로 살게 되는 어려움을 먼저 만나 '열정'과 '냉정' 사이에서 헤매는 시간을 살게 된다.

그러다가 2017년에 오작교 연구회라는 교집합을 만나 비로소 수학교사이자 수석교사로 안착하게 된다. 오작교 연구회 선생님들과의 수업나눔은 나에게 매력 있는 수업을 위해서 수업 상황에서 일어날 수 있는 다양한 경험을 선물해주고 수업을 통하여 성장하는 기쁨을 맛보게 해주었다. 또한 오작교 연구회 선생님들과 함께 꾸린 찾아가는 현지 맞춤형 직무연수 강사 활동, 강원도교육연수원 원격직무연수 콘텐츠 개발 참여 등의 경험은 접혀 있던 '자기효능감'의 날개를 활짝 펼 수 있게 해주었다.

좋은 수업은 모든 교사에게 중요한 과제다. 가르치는 것은 타고 나는 게 아니기 때문이다. 그렇다면 좋은 수업은 어떻게 해야 가능할까? 수업 전문성 향상을 위한 각종 도서 읽기, 연수 듣기도 하나의 방법이 될 수 있을 것이다. 하지만 가장 좋은 방법은, 누구나 알고는 있지만 실천은 말처럼 쉬운 일이 아닌 바로 그것, 교사 스스로 수업 철학을 바탕으로 자신의 수업을 성찰하고, 동료 교사와의 소통과 수업나눔을 통하여 수업을 객관적으로 점검하는 것이다. 다르게 살고 싶다면 다르게 노력해야 한다. 오늘 작은 한 걸음을 먼저 실천하는 교사로 살고자 하는 이유다.

재미있는 수학 시간을 꿈꾸며

교사 성장기
— 정지인

재미있는 수학 시간, 모두가 함께 하는 수업! 이것은 교사로서 나의 꿈이자 현재진행형의 고민이다. 내가 느낀 수학의 재미를 전수하고 싶은 마음, 수학이 고통스럽고 미래를 향한 걸림돌이 아닌 디딤돌이 되길 바라는 마음으로 오늘도 교실에 들어간다.

오랜 꿈인 수학 교사가 되어 하게 된 첫 수업! 그날의 충격은 아직도 나의 뇌리에 선명하게 기록되어 있다. 여기저기 흩어지는 시선, 수학에 대한 거부감, 무기력, 학생들 사이의 실력 차. 잘못 왔구나 싶었다. 어떻게 하면 학생들이 수업에 집중하도록 할 수 있을까? 하는 고민이 시작되었고 처음 5년은 열심히 배웠다. 방학 때마다 수학 사랑에서 진행하는 오프라인 연수를 들으러 다니고 원격수업도 듣고 모든 시간을 쪼개어 배움에 투자했다. 방정식의 활용을 어려워하는 학생들을 위

216

해 문제 상황을 설명하는 플래시 자료를 밤새도록 만들어 수업에 사용했는데, 학습 자료를 만드는 시간 대비 효과가 낮아 자료를 잘 만드는 사람들의 것을 수업에 적절히 투입하는 것이 나의 역할임을 깨닫기도 했다. 이렇게 수업 기술과 보이는 것에 집중하던 5년이 지나며 수업의 본질이 무엇인지 고민하기 시작했다. 많은 체험, 활동, 플래시 자료, 애니메이션 자료 등이 있는데 학생들은 여전히 수학이 어렵고 수학이 재미없단다. 수학은 언제 재미있어질까?

계속되는 고민 속에 수학의 재미를 성공 경험에서 찾아보게 되었다. 문제를 풀 수 있는 경험, 문제를 풀었는데 정답이 나오는 경험이 학생들을 변화시키지 않을까? 이제 나의 수업은 학생들의 성공 경험에 초점을 맞추고 진행하게 된다. 수업시간에 친구들과 배움이 일어나는 상호작용, 선생님과의 긍정적인 상호작용을 통해 학생들의 작은 변화에 집중하고 수업에 참여할 수 있도록 함께 노력하는 시간으로 만들고 있다.

매년 학생들을 만나기에 익숙한 듯하지만, 그들은 생각과 감정, 인격이 있기에 늘 새롭다. 학생들이 수학의 매력을 느낄 수 있길 바라며 난 오늘도 배우며 변화한다. 나의 수업은 앞으로도 계속 진화할 것이다.

교사 성장기
— 지정연

오늘도 휴대폰으로 강사를 섭외하려고 통화하고 있다. 오작교 찾아가는 현지 맞춤형 직무연수 계획을 세우기 위해 전국의 많은 수학 선생님들과 통화하면서 느낀 것은 이상하게도 대화를 하면서 그분들의 에너지가 내게 전해진다는 것이다. 그 순간 한 사람의 '열정'은 여러 사람을 위한 '꿈'으로 변화한다.

교사 경력 19년차로 수업에 새로운 변화를 꿈꾸던 2015년 여름, 대전에서 열린 '수학 교사 한마당'에 처음으로 참가했다. 새로운 수업을 시도하고 고민하는 열정 가득한 선생님들과 함께 하는 2박 3일 동안 오랜만에 가슴이 뛰었고, 연수 내용을 재구성해 나만의 수업을 만들면서 스스로 성장하고 있음이 느껴졌다. '이런 경험을 나 혼자 할 수는 없지.' 주위 선생님들과 함께 나누고 싶은 마음에 무작정 거제도에 계신 강사 선생님께 섭외 전화를 드렸고, 2017년 1월 처음으로 춘천에서 보드게임 연수를 개최했다. 연수에 참여한 30여 명의 선생님들의 반응은 거의 폭발적이었고, 이를 계기로 참여한 몇 분 선생님과의 인연이 오작교의 태동이었다. 아, 결국 오작교와 연수는 떼려야 뗄 수가 없는 것이었네!

2017년 오작교 연구회를 결성한 후 지금까지 이어진 오작교 연수는 강원도 수학 선생님들과 소통의 다리를 연결하는 주축이 되고자 했다. 연수 강사진은 전국에서 유명한 수학 선생님과 오작교 선생님으로 구성했고, 연수 주제는 수업, 평가, 창의·융합, 공학도구, Math Tour(경기전 산책, 창덕궁에서 수학역사 톺아보기) 등 다양한 내용을 시도했다. 오작교 연수는 어느새 입소문을 타기 시작했고, 지금은 한번도 빠지지 않고 참여하는 BTS의 '아미'와 같은 골수팬(?) 선생님들이 생겼다.

매번 연수를 열면서 강사 선생님들의 열정을 그대로 느낀다. 그 열정은 보이지 않는 파동을 그리며 함께 연수를 듣는 선생님들의 마음에 닿고, 다시 학생들에게 갈 것이라 생각하니 행복하다. 언젠가 오작교 연구회가 전국적으로 유명해져 다른 지역에서 강의할 그날을 그려왔는데, 2021년 8월 드디어 서울 서초 수학 박물관이 주관하는 전국 연수를 오작교 선생님 네 분과 함께 진행했다. 꿈이 현실이 된 지금, '같이'의 가치와 힘을 느끼게 된다.

이 글을 쓰는 지금도 이렇게 가슴이 뛰는 걸 보면 난 아직 성장하고 있는가 보다.

그러므로 너의 죄를 사하노라!

1. B=F(P)

"인간의 모든 행동은 행동하는 순간 그에게 일어나는 지각의 장의 함수이다." 여기서 지각은 넓은 뜻으로 의미라는 말과 비슷하다. 즉 개개인의 행동은 행동할 당시에 일어난 특수사건의 의미의 직접적인 결과이지, 그때의 상황이나 사실 그 자체에 의하여 결정되는 것은 아니다.[10]

책을 읽다가 갑자기 선명하게 떠오르는 기억이 있었다.

2. 당혹스러움

홀로 집을 지키고 있던 어느 주일 오후.

거실 소파에 기댄 채로 자울자울 막 잠에 빠지려던 참인데, 무엇인가 유리창에 부딪치는 소리가 일정한 간격으로 들려오기 시작했다.

---

10. 최정훈,《인본주의 심리학: 인간이해의 지각주의적 접근》(1992)에서 인용.

이미 꿈나라에 한쪽 발을 맡긴 상태에서 다시 빼내오기란 '백년하청百年河淸'(황허강의 흐린 물이 맑아지기를 기다리기)보다 어려운 법이라 나머지 한쪽 발을 마저 꿈나라에 들이밀고자 했으나, '무시하기에는 저 소리가 너무 다급한 거 같지 않니?' 거부할 수 없는 수퍼 에고super ego 님의 속삭임에 하는 수 없이 무거운 몸을 일으켜 현관문을 열고 밖으로 나가보았다. 짐작대로였다.

보아하니 사춘기의 용트림으로 뜨거워진 피를 식히러 집 나온 참새 한 마리가 어떻게 바깥문을 통해 안으로 들어오긴 했으나, "들어온 문이 나가는 문과 다르지 않다"는 참새 유사 이래 가장 평범한 진리와 "보이는 것이 전부가 아니다"는 참새 안전수칙 제 1조 1항을 무시하고, 유리창에 온 몸을 부딪쳐 나갈 길을 찾고자 애쓰고 있었다. 참고로 우리 집은 개인주택으로 3층인데, 집 안으로 들어오기 위해서는 실외 출입문, 현관문, 거실문 이렇게 세 개의 문을 통과해야 한다. 그리고 실외 출입문과 현관문 사이에 아파트 베란다처럼 복도식으로 이어지는 빈 공간이 있고 (지금 참새와 나는 이 공간에 있다) 여기에는 소위 샤시 창문이 벽을 따라 이어져 있다.

이럴 때 프란치스코 성인이시라면 참새의 언어로 나갈 길을 차근차근 일러주셨겠지만, 프란치스코 성인처럼 새를 비롯한 동물들과 말할 수 있는 달란트를 받지 못한 나는 (믿는바 참새를 젖과 꿀이 흐르는 낙원으로 인도하라는 우리 수퍼 에고님의 명령하심을 받들어 마치 그 옛날 이집트에서 이스라엘 민족을 해방시키기 위해 지팡이를 들어 홍해바다를 가른 모세와도 같은 역사적 사명감으로) 팔을 들어 우선 근처의 창문을 하나 열어 참새가 나갈 길을 마련했다. 그리고 혹시라도 참새가 놀랠세라 정말 조심조심 참새에게 다가가 열어놓은 문 쪽으로 유도하고자 했다.

그러나 세상 일이 어디 그리 만만하며 호락호락하던가!

옛말이 이르는 대로 봉황의 뜻을 아니 거룩하고 거룩하신 우리 수퍼 에고님 뜻을 알 길 없는 참새는, 나를 피해 점점 더 안쪽으로 날아들어가더니 아예 내 손이 닿지 못할 곳에 숨어버림으로써, 천사요 구원자이길 자처한 나로 하여금 일시에 천사의 날개를 펴보지도 못한 채 주저앉아버리게 만들었다.

어쭈구리~ 요거 봐라.

참새 주제에 사람의 성의를 무시해도 유분수지.

(참새, 너는 오늘 죽었다.)

그러나 내가 누구던가?

책임감은 기본이며 성실함은 덤. 게다가 우리 수퍼 에고님의 명령이시라면 자다가도 벌떡 일어날 만큼 바른 양심에 인내심까지 두루 갖추고 있으니 이렇게 성격 좋은(?) 나를 만난 참새 너는 오늘 복 받은 거다. 실패하지 않기 위한 참새 구출 3단계 작전에 돌입했다.

1단계 : 나머지 창문들을 모두 열어놓기.

　　　(아이고~이게 왠 사서 고생이람ㅠㅠ)

2단계 : 위치 선점하기.

　　　(참새보다 내가 더 안쪽에 위치해야 다시 참새와 맞닥뜨리게 될 때

　　　참새를 바깥쪽으로 몰아갈 수 있다.)

3단계 : 그리고… 기다리기.

　　　(참새가 제 발로 기어 나올 때까지 참을성 있게 쭉~)

결론을 말하자면 치밀한 작전 덕분(?)에 방황하던 어린 양(아니 참새)구출 작전은 물론 성공적으로 끝마쳤다. 그러나 참새를 제 갈 길로 돌려보낸 후, 일을 무사히 끝마쳤다는 안도감은 잠시뿐이었고, 나를 압도하는 감정은 무언가 제대로 된 것 같지 않은 석연치 않은 느낌과 당혹스러움이었다.

'내 딴에는 나름대로 저를 배려한다고 조심 또 조심했는데, 왜 참새는 그렇게 바보같이 겁내며 숨으려 했을까?'

'어쩌면 내가 참새와는 무관하게 처음부터 신경 쓰지 않고 그냥 달콤한 낮잠에 빠져들었다 해도, 참새는 또 어떻게 해서든 나와는 무관하게 제 힘으로 제 갈 길을 찾아갔을 것이 아닌가?'

'그렇다면 내가 참새에게 한 일은 뭐란 말인가?'

두서없이 떠오르는 이런 생각들과 함께….

3. 그날 참새에게 무슨 일이…

우리가 과학적이라고 배워온 객관적 사실을 잠시 잊어버리고 우리의 행동을 각자 돌이켜 생각해보자. 어떤 행동이든 인간 행동은 행위자 자신에게는 정당하고 이유 있고 합당한 것이며, 나름의 목적이 있는 것이다. 목적과 이유가 막연할 수도 있고 경우에 따라서는 아주 분명한 것일 수도 있다.

그러나 이 같은 행동을 타인이 외부에서 관찰할 때는 그 사람의 내적 경험을 알지 못하므로 비합리적으로 보일 수도 있다. 자신의 행동이거나 타인의 행동이거나 행동하는 그 순간에는 상황에 가장 적절하고 합리적인 행동인 것이다. 나중에 돌이켜볼 때, 이 행동이 어리석은 것이었다고 판단된다 하더라도….[11]

이제 무엇이 문제였는지 조금은 알 것 같다. 과학시간에 배워서 알기로 일부 조류들은 '각인'이라는 특별한 생존방식을 가지고 있다고 한다. 그들은 태어나서 단시간 내에 처음으로 눈에 띄는 대상에게만 추종반응追從反應을 보이며, 각인이 끝난 뒤에는 일체의 대상에게 공포반응을 보이도록 지각된다는 것이다. 그러므로 내가 아무리 호의를 가지고 있다 해도, 참새의 지각의 장(참새에게도 그런 것이 있다면) 안에서 나는 경계해야만 할 대상이었던 것이다. 그러니 구원의 손길이요 천사 운운은 나의 지각의 장에서 일어난 일일 뿐, 실제로 참새의 지각의 장에서는 경계경보와 공습공보로 이어지는 긴박한 상황이 전개되고 있었을 터다. 하여 참새 입장에서는 생존을 위해 자신이 취해야 하는 지극히 정당하고 마땅한 행동을 취한 것뿐이다.

그러므로 주일 오후 나의 달콤한 낮잠을 저당 잡은 무단 가택 침입과 내게 심리적 좌절을 안겨준 참새 너의 행동은 무죄다.

그리고 참새는 절대 요청한 적도 없는 구원자를 자청하며, 참새에게 날벼락 같은 공포를 안겨준 나의 무모한 간섭 또한 나에겐 그 상황에선 그렇게밖에 할 수 없는 가장 적절하고 합리적인 행동이었으니 나 또한 참새에게 무죄다.

그 밖에 자세히 살피지 못한 죄가 남아 있다면, 너의 죄를 사하노라.

---

11. 앞의 책.